호텔서비스사를 위한

실무호텔
일본어 회화

김선일 저

한올

머리말

　관광진흥법시행령 제37조에서 "대통령령으로 정하는 관광종사원"이란 호텔서비스사도 포함되어 있다. 현관·객실·식당의 접객 종사원의 자격증 명칭이 법적으로 변경된 것이다. 호텔서비스사 자격증은 문화체육관광부가 관련부처이고 한국산업인력공단이 자격시행기관으로 되어있다. 정부에서는 호텔에서 각종 서비스를 제공하기 위해서 호텔종사원으로서 외국어실력이 필요하고, 서비스에 대하여 이해하며 고객에게 보다 충실한 서비스를 제공하기 위해 호텔서비스사 제도를 도입하였다. 수행직무는 호텔에서 고객에게 각종 서비스를 제공하기 위하여 영접, 객실안내, 짐 운반, 객실예약, 우편물의 접수와 배달, 객실열쇠관리, 객실정리, 세탁보급, 음식제공 등 각종 서비스를 제공하는 일을 한다.

　본 교재는 대학에서 호텔일본어를 처음 접하는 학생, 호텔에 근무하고 있지만 일본어 기초가 부족하신 분들을 대상으로 하였으며, 저자가 그 동안 대학에서 학생들에게 강의하기 위해 모아놓은 자료, 그리고 현장에서 직접 체험한 경험을 통해서 꼭 필요한 실무내용을 중심으로 구성하여 이 교재만 충실히 학습하면 호텔업무에 큰 무리가 없을 것으로 자신한다.

특히 본 교재는 각 과마다 사전을 찾을 필요 없도록 단어정리를 하였고, 앞의 과에서 나왔던 단어라도 단어의 중복 표기를 하였다. 중요하고 복잡한 문장은 문법과 문형에서 해설을 하였고 호텔서비스사가 꼭 알아야 될 상식도 기술하였다. 또한 일상생활에서 사용되는 일본어 표현보다 서비스 현장인 호텔에서 사용되는 경어표현을 주로 사용하였다. 부록에는 ひらがな(히라가나)와 カタカナ(가타카나) 쓰기연습을 삽입하여 기초학습의 효과를 높였다.

본 교재를 출간하면서 부족한 부분은 앞으로 계속 보완할 것을 약속드리며, 호텔서비스사나 예비 호텔서비스사, 그리고 대학에서 호텔분야를 공부하는 학생들에게 도움이 되는 교재가 되었으면 한다.

끝으로 이 책이 나오기까지 도움을 아끼지 않은 한올출판사 임직원 여러분께 깊은 감사의 말씀을 드린다.

2019년 8월

김 선 일

차 례

第１課

일본어 글자

일본어는 「ひらがな(히라가나), カタカナ(가타카나), 漢字(한자)」를 혼용하여 사용한다. 일본어 문장은 기본적으로 띄어쓰기를 하지 않으므로, 전부 가나로만 표기하다 보면 읽기 어려우므로 한자를 많이 사용한다. 가나(仮名, かな)란 「ひらがな(히라가나)」와 「カタカナ(가타카나)」를 말한다.

1. ひらがな(히라가나)

한자의 초서체(草書体)를 간략하게 하여 만든 글자로, 외래어나 의성어 등을 제외하고 일상적으로 ひらがな로 표기한다.

2. カタカナ(가타카나)

한자의 일부분을 본 따 만든 글자로, 외래어나 의성어(때로는 의태어), 전보문 등에 쓰이며, 어감이나 주의를 환기시킬 경우에도 사용한다.

3. 漢字(한자)

일본 한자는 우리와는 달리 간략하게 된 약자를 쓰는 경우가 많으므로 우리식 한자를 쓰지 않도록 주의해야 한다.

學 = 学 (배울 학)	國 = 国 (나라 국)	經 = 経 (경서 경)
讀 = 読 (읽을 독)	豫 = 予 (미리 예)	氣 = 気 (기운 기)
覺 = 覚 (깨달을 각)	價 = 価 (가격 가)	獨 = 独 (홀로 독)
譯 = 訳 (번역할 역)	兩 = 両 (두 량)	假 = 仮 (거짓 가)
關 = 関 (빗장 관)	舊 = 旧 (옛 구)	區 = 区 (구역 구)
戀 = 恋 (사모할 연)	缺 = 欠 (이지러질 결)	鑛 = 鉱 (광물 광)
歸 = 帰 (돌아올 귀)	與 = 与 (줄 여)	

일본어는 하나의 한자에 음독(音讀)과 훈독(訓讀)이 두 가지 이상인 경우가 많다. 음독(音讀)은 한자의 음으로 읽는 것이고, 훈독(訓讀)은 한자의 뜻으로 읽는 것이다. 한글로 예를 들면 月 한자를 보면 [달 월]로 읽고, 여기서 [달]은 훈독에 해당하며 [월]은 음독에 해당한다.

月(달 월) → 훈독 : つき　　음독 : げつ

月曜日(げつようび) 월요일

山(메 산) → 훈독 : やま　　음독 : さん

山脈(さんみゃく) 산맥

일반적으로 한 개의 한자로 사용될 때는 훈독으로 읽으며, 2개 이상의 한자로 사용될 때는 음독으로 읽는다.

참고로 일본 초등학교 과정 동안 꼭 읽고 쓸 수 있도록 익혀야 할 한자수가 「996자(교육한자)」이다. 또한 교육한자를 포함하여 평상시 자주 사용하는 한자를 정했는데 총 「1945자(상용한자)」로 이 정도는 익혀야 사회생활에 지장이 없다는 것이다.

4. 五十音図(ごじゅうおんず 오십음도)

가나(仮名)문자를 모음(母音)과 자음(子音)의 배열에 따라 5단(段)과 10행(行)으로 배열하여 놓은 도표이다. 총 50개의 음이지만, 엄밀히 말하면 현대의 일본어는 새롭게 ん(n)이 추가되어 51개로, 5개의 반복되는 글자가 있으므로 실제 46개만 외우면 된다. 세로의 줄을 「행(行)」, 가로의 줄을 「단(段)」이라 한다. 일본어를 공부하기 위해서는 오십음도에 대해 알아야 하고, 반드시 암기를 해야 한다. 암기방법은 「행」단위로 외워야 한다.

예) あいうえお, かきくけこ, さしすせそ...ん

ひらがな(히라가나)

↻ ↺ ∧행∨ 단위로 암기

⑪ん	⑩わ	⑨ら	⑧や	⑦ま	⑥は	⑤な	④た	③さ	②か	①あ
[n] 응	[wa] 와	[ra] 라	[ya] 야	[ma] 마	[ha] 하	[na] 나	[ta] 타	[sa] 사	[ka] 카	[a] 아
	(い) [i] (이)	り [ri] 리	(い) [i] (이)	み [mi] 미	ひ [hi] 히	に [ni] 니	ち [ti(chi)] 치	し [si(shi)] 시	き [ki] 키	い [i] 이
	(う) [u] (우)	る [ru] 루	ゆ [yu] 유	む [mu] 무	ふ [hu(fu)] 후	ぬ [nu] 누	つ [tu(tsu)] 츠	す [su] 스	く [ku] 쿠	う [u] 우
	(え) [e] (에)	れ [re] 레	(え) [e] (에)	め [me] 메	へ [he] 헤	ね [ne] 네	て [te] 테	せ [se] 세	け [ke] 케	え [e] 에
	を [o] 오	ろ [ro] 로	よ [yo] 요	も [mo] 모	ほ [ho] 호	の [no] 노	と [to] 토	そ [so] 소	こ [ko] 코	お [o] 오

カタカナ(가타카나)

↻ ↺ ∧행∨ 단위로 암기

⑪ン	⑩ワ	⑨ラ	⑧ヤ	⑦マ	⑥ハ	⑤ナ	④タ	③サ	②カ	①ア
[n] 응	[wa] 와	[ra] 라	[ya] 야	[ma] 마	[ha] 하	[na] 나	[ta] 타	[sa] 사	[ka] 카	[a] 아
	(イ) [i] (이)	リ [ri] 리	(イ) [i] (이)	ミ [mi] 미	ヒ [hi] 히	ニ [ni] 니	チ [ti(chi)] 치	シ [si(shi)] 시	キ [ki] 키	イ [i] 이
	(ウ) [u] (우)	ル [ru] 루	ユ [yu] 유	ム [mu] 무	フ [hu(fu)] 후	ヌ [nu] 누	ツ [tu(tsu)] 츠	ス [su] 스	ク [ku] 쿠	ウ [u] 우
	(エ) [e] (에)	レ [re] 레	(エ) [e] (에)	メ [me] 메	ヘ [he] 헤	ネ [ne] 네	テ [te] 테	セ [se] 세	ケ [ke] 케	エ [e] 에
	ヲ [o] 오	ロ [ro] 로	ヨ [yo] 요	モ [mo] 모	ホ [ho] 호	ノ [no] 노	ト [to] 토	ソ [so] 소	コ [ko] 코	オ [o] 오

일본지도(日本地図)

일본은 유라시아 대륙의 동쪽 끝에서 조금 떨어진 곳에 위치한 섬나라이다. 북동에서 남서 방향으로 활모양으로 늘어진 6,800여 개의 섬들로 이루어져 있으며, 여러 섬들이 열을 지어 늘어서 있다는 의미에서 일본열도(日本列島)라고 불린다. 일본열도에는 홋카이도(北海道), 혼슈(本州), 시코쿠(四国), 규슈(九州)라는 4개의 큰 섬과 수천 개의 부속 섬들이 있다. 영토면적은 약 37만㎢로 세계 주권국가 중에서 61번째에 해당되는데, 독일과 비슷하고 영국이나 이탈리아보다 크다.

4대 섬인 홋카이도, 혼슈, 시코쿠, 규슈 중에서는 혼슈가 가장 큰데, 약 23만㎢로 한반도와 비슷한 크기이다. 참고로 한반도의 면적은 22만㎢(남한 10만㎢, 북한 12만㎢)이다. 더 세밀하게는 1都(도쿄도) 1道(홋카이도) 2府(도쿄부, 오사카부) 43県(아오모리현에서 오키나와현까지), 총 47지역으로 구분 지어진다.

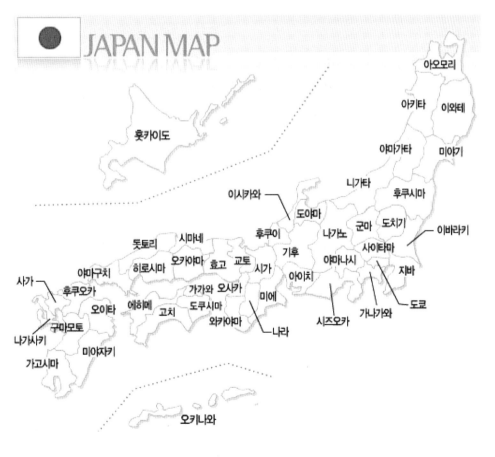

출처 : https://blog.naver.com/yunsukhain/70052037382

출처 : https://blog.naver.com/mak_una/110089149587

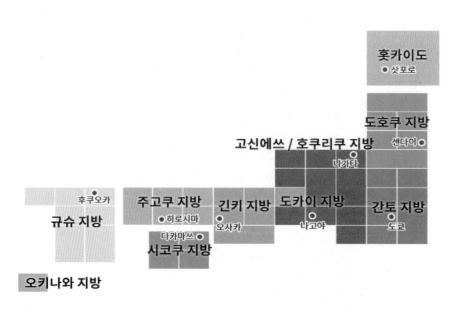

출처 : http://tour-quality.com/ko/search.html

大阪城(오사카성 おおさかじょう)은 일본 제2의 도시 오사카를 상징하는 곳으로 豊臣秀吉(풍신수길 とよとみ ひでよし)에 의해 축적된 성이다.

〈1995년 일본 오사카성 앞에서 여행사 근무 시절 저자〉

第 2 課

일본어 발음

일본어의 발음은 크게 ① 청음(清音 : せいおん) ② 탁음(濁音 : だくおん) ③ 반탁음 (半濁音 : はんだくおん) ④ 요음(拗音 : ようおん) ⑤ 발음(撥音 : はつおん) ⑥ 촉음 (促音 : そくおん) ⑦ 장음(長音 : ちょうおん)으로 구분한다.

1. 청음(清音 : せいおん)

깨끗하고 맑은 음으로, がな(가나)에 탁음과 반탁음, 발음을 제외한 모든 음이다.

あ行	あ(아) a	い(이) i	う(우) u	え(에) e	お(오) o

① 挨拶(**あ**いさつ) : 인사　　② 椅子(**い**す) : 의자　　③ 歌(**う**た) : 노래

④ 駅(**え**き) : 역　　⑤ 男(**お**とこ) : 남자

 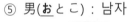 

か行	か(카) ka	き(키) ki	く(쿠) ku	け(케) ke	こ(코) ko

① 会話(**か**いわ) : 회화　　② 昨日(**き**のう) : 어제　　③ 空港(**く**うこう) : 공항

④ 景色(**け**しき) : 경치　　⑤ 航空(**こ**うくう) : 항공

さ行	さ(사)	し(시)	す(스)	せ(세)	そ(소)
	sa	si(shi)	su	se	so

① 酒(さけ) : 술

② 塩(しお) : 소금

③ 寿司(すし) : 초밥

④ 席(せき) : 좌석

⑤ 底(そこ) : 바닥

た行	た(타)	ち(치)	つ(츠)	て(테)	と(토)
	ta	ti(chi)	tu(tsu)	te	to

① 建物(たてもの) : 건물

② 地下(ちか) : 지하

③ 机(つくえ) : 책상

④ 手(て) : 손

⑤ 時計(とけい) : 시계

な行	な(나) na	に(니) ni	ぬ(누) nu	ね(네) ne	の(노) no

① 名前(**な**まえ) : 이름

② 荷物(**に**もつ) : 짐

③ 糠雨(**ぬ**かあめ) : 이슬비

④ 猫(**ね**こ) : 고양이

⑤ 飲(**の**)み物(もの) : 음료, 마실 것

は行	は(하) ha	ひ(히) hi	ふ(후) hu(fu)	へ(헤) he	ほ(호) ho

① 箸(**は**し) : 젓가락

② 飛行機(**ひ**こうき) : 비행기

③ 封筒(**ふ**うとう) : 봉투

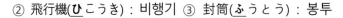

④ 部屋(**へ**や) : 방

⑤ 放送(**ほ**うそう) : 방송

ま行	ま(마) ma	み(미) mi	む(무) mu	め(메) me	も(모) mo

① 窓(**ま**ど) : 창문　　② 店(**み**せ) : 가게　　③ 虫(**む**し) : 벌레

④ 名刺(**め**いし) : 명함　　⑤ 森(**も**り) : 숲

や行	や(야) ya	ゆ(유) yu	よ(요) yo

① 焼(**や**)き肉(にく) : 불고기　　② 雪(**ゆ**き) : 눈

③ 夜(**よ**る) : 밤

ら行	ら(라)	り(리)	る(루)	れ(레)	ろ(로)
	ra	ri	ru	re	ro

① か**ら**す : 까마귀　② **り**んご : 사과　③ **る**す : 부재 중

④ 礼拝(**れ**いはい) : 예배　⑤ 六(**ろ**く) : 6(숫자)

わ行	わ(와)				を(오)
	wa				o

① 私(**わ**たし) : 나　② ~**を** : ~을/를(목적격 조사)

2. 탁음(濁音 : だくおん)

청음에 탁점「゛」이 붙은 글자를 말하며, 「か行 ・ さ行 ・ た行 ・ は行」에만 붙여서 탁하게 발음한다.

が行	が(가) ga	ぎ(기) gi	ぐ(구) gu	げ(게) ge	ご(고) go

① 学校(**が**っこう) : 학교　② 鍵(か**ぎ**) : 열쇠　③ 家具(か**ぐ**) : 가구

④ 下駄(**げ**た) : 나막신　⑤ 号室(**ご**うしつ) : 호실

ざ行	ざ(자) za	じ(지) zi(ji)	ず(즈) zu	ぜ(제) ze	ぞ(조) zo

① 灰皿(はい**ざ**ら) : 재떨이　② 辞書(**じ**しょ) : 사전　③ 地図(ち**ず**) : 지도

④ 風(か**ぜ**) : 바람　⑤ 家族(か**ぞ**く) : 가족

だ行	だ(다)	ぢ(지)	づ(즈)	で(데)	ど(도)
	da	zi(ji)	zu	de	do

① 果物(く <u>だ</u> もの) : 과일

② 鼻血(はな <u>ぢ</u>) : 코피

③ 日付(ひ <u>づ</u> け) : 날짜

④ 電話(<u>で</u> んわ) : 전화

⑤ 窓(ま <u>ど</u>) : 창문

ば行	ば(바)	び(비)	ぶ(부)	べ(베)	ぼ(보)
	ba	bi	bu	be	bo

① 煙草(た <u>ば</u> こ) : 담배

② 蝦(え <u>び</u>) : 새우

③ 豚(<u>ぶ</u> た) : 돼지

④ 空(あ)き部屋(<u>べ</u> や) :
빈방

⑤ お <u>ぼ</u> ん : 쟁반

3. 반탁음(半濁音 : はんだくおん)

청음에 반탁점「ﾟ」이 붙은 글자를 말하며, 「は行」에만 붙여서 우리말 '프'과 '뻐'의 중간 음으로 '프'보다는 부드러운 발음이다.

ぱ行	ぱ(파)	ぴ(피)	ぷ(푸)	ぺ(페)	ぽ(포)
	pa	pi	pu	pe	po

① 乾杯(かんぱい) : 건배

② 鉛筆(えんぴつ) : 연필

③ てんぷら : 튀김

④ ペン : 펜

⑤ スポーツ : 스포츠

4. 요음(拗音 : ようおん)

청음 중 イ단의 「7글자(き・し・ち・に・ひ・み・り)」와 탁음의 イ단「3글자(ぎ・じ・び)」와 반탁음인 イ단「(ぴ)」 옆에 반모음「や・ゆ・よ」을 작게 써서 한 박자로 읽는 음이다.

● 청음 중 イ단의 「7글자」에서

き	きゃ(캬) kya	きゅ(큐) kyu	きょ(쿄) kyo

① 客(きゃく) : 손님　② 地球(ちきゅう) : 지구　③ 教室(きょうしつ) : 교실

し	しゃ(샤) sya(sha)	しゅ(슈) syu(shu)	しょ(쇼) syo(sho)

① 写真(しゃしん) : 사진　② 週末(しゅうまつ) : 주말　③ 食事(しょくじ) : 식사

ち	ちゃ(챠)	ちゅ(츄)	ちょ(쵸)
	tya(cha)	tyu(chu)	tyo(cho)

① お茶(**ちゃ**) : 차

② 注文(**ちゅ**うもん) : 주문

③ 貯蓄(**ちょ**ちく) : 저축

に	にゃ(냐)	にゅ(뉴)	にょ(뇨)
	nya	nyu	nyo

① **にゃ**んこ : [유아어]고양이

② 入学(**にゅ**うがく) : 입학

③ 尿(**にょ**う) : 소변, 오줌

ひ	ひゃ(햐)	ひゅ(휴)	ひょ(효)
	hya	hyu	hyo

① 百(**ひゃ**く) : 백

② **ひゅ**う : (바람을 가르는 소리)쌩, 휙

③ 表示(**ひょ**うじ) : 표시

み	みゃ(먀)	みゅ(뮤)	みょ(묘)
	mya	myu	myo

① 脈(**みゃ**く) : 맥, 맥박

② ミュウ : (포켓몬) 뮤

③ 微妙(び**みょ**う) : 미묘

り	りゃ(랴)	りゅ(류)	りょ(료)
	rya	ryu	ryo

① 略字(**りゃ**くじ) : 약자　② 留学(**りゅ**うがく) : 유학

③ 料理(**りょ**うり) : 요리

● 탁음 중 イ단의 「3글자」에서

ぎ	ぎゃ(갸)	ぎゅ(규)	ぎょ(교)
	gya	gyu	gyo

① 逆(**ぎゃ**く) : 반대　② 牛肉(**ぎゅ**うにく) : 쇠고기

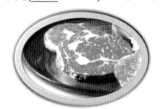

③ 金魚(きん**ぎょ**) : 금붕어

じ	じゃ (쟈)	じゅ (쥬)	じょ (죠)
	zya(ja)	zyu(ju)	zyo(jo)

① 邪魔(**じゃ**ま) : 방해

② 順番(**じゅ**んばん) : 순번

③ 非常口(ひ**じょ**うぐち) : 비상구

び	びゃ (뱌)	びゅ (뷰)	びょ (뵤)
	bya	byu	byo

① 三百(さん**びゃ**く) : 삼백

② **ビュ**ー : (view, 뷰)경치, 경관

③ 病院(**びょ**ういん) : 병원

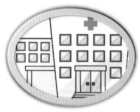

● 반탁음에서

ぴ ぴゃ(퍄)	ぴゅ(퓨)	ぴょ(표)
pya	pyu	pyo

① 六百(ろっ**ぴゃ**く) : 육백   ② **ぴ**ょん**ぴ**ょん : 깡충깡충

5. 발음(撥音 : はつおん)

「ん」은 일본어에서 유일한 자음으로 받침에 사용되며, 뒤에 오는 음에 따라 발음이 「ㅁ(m)」 「ㄴ(n)」 「ㅇ(ng)」으로 발음한다.

① 「ㅁ(m)」으로 발음되는 경우

ん 뒤에 「ま行・ば行・ぱ行」이 오면 한국어의 「ㅁ(m)」으로 발음

あん**ま** : 안마(안마)   しん**ぶ**ん : 신문

乾杯(かん**ぱ**い) : 건배

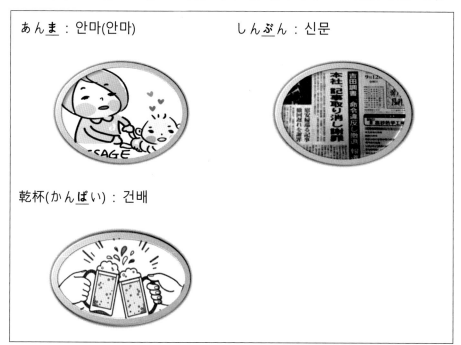

② 「ㄴ(n)」으로 발음되는 경우

ん 뒤에 「さ行・ざ行・た行・だ行・な行・ら行」이 오면 한국어의 「ㄴ (n)」으로 발음

検査役(けん**さ**やく) : 검사역(켄사야쿠)   漢字(かん**じ**) : 한자

洗濯(せん**た**く) : 세탁   現代化(げん**だ**いか) : 현대화

案内書(あん**な**いしょ) : 안내서   親類(しん**る**い) : 친척

③ 「ㅇ(ng)」으로 발음되는 경우

　　ん 뒤에 「か行・が行・あ行・や行・わ」이 오면 한국어의 「ㅇ(ng)」으로
　　발음

韓国(かん<u>こ</u>く) : 한국(캉코쿠)　　　音楽(おん<u>が</u>く) : 음악

恋愛(れん<u>あ</u>い) : 연애　　　今夜(こん<u>や</u>)) : 오늘 밤

電話(でん<u>わ</u>) : 전화

6. 촉음(促音 : そくおん)

「つ」를 작게 표기하여 받침으로 사용하며, 뒤에 오는 발음에 따라서 촉음의 발음도 다음과 같이 변한다.

그리고 「か行・さ行・た行・ぱ行」의 앞에만 오며, 「っ」은 다음에 오는 음에 따라 「ㄱ, ㅅ, ㄷ, ㅂ」 으로 발음한다.

① 「か」行의 앞에 올 때, 우리말의 「ㄱ」받침 - 〔k〕음

六階(ろっかい) : 6층(록카이)　　　　　はっきり : 확실히, 분명히

そっくり : 몽땅, 전부　　　　　　　　石鹸(せっけん) : 비누

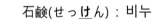

学校(がっこう) : 학교

② 「さ」行의 앞에 올 때, 우리말의 「ㅅ」받침 - 〔s〕음

あっさり : 담백하게, 깨끗이(앗사리)　発信地(はっしんち) : 발신지

一寸(いっすん) : 한 치　欠席(けっせき) : 결석

一層(いっそう) : 한층 더, 더욱

③ 「た」行의 앞에 올 때, 우리말의 「ㄷ」받침 - 〔t〕음

発達(はったつ) : 발달(핟타츠)　日程(にってい) : 일정

 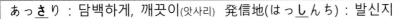

切手(きって) : 우표　明後日(あさって) : 모레

夫(おっと) : (자기)남편

④ 「ぱ」行의 앞에 올 때, 우리말의 「ㅂ」 받침 - 〔p〕음

一杯(いっ**ぱ**い) : 한잔(입파이)　　一匹(いっ**ぴ**き) : 한 마리

切符(きっ**ぷ**) : 표(티켓)　　一片の月(いっ**ぺ**んのつき) : 조각달

一方通行(いっ**ぽ**うつうこう) : 일방통행

7. 장음(長音 : ちょうおん)

뒤에 같은 단의 모음이나 반모음이 올 경우, 뒤에 오는 가나를 발음하지 않고,
앞의 가나를 길게 두 음절로 발음한다.

- ひらがな의 장음 : 모음(あ , い , う , え , お)으로 표기
- カタカナ의 장음 : 「-」으로 표기

① 「あ」단의 가나 뒤에 「あ」가 올 때

お母(**かあ**)さん(오카-상) :   ⇔   岡(おか)さん : 오카 씨
어머니   (오카 : 성씨의 하나)

お祖母(**ばあ**)さん : 할머니   ⇔   おばさん : 아주머니

まあまあ : 그럭저럭   ⇔   まま(ママ) : 마마(어머니)

② 「い」단의 가나 뒤에 「い」가 올 때

良(<u>い</u>)い : 좋다(이-)   ⇔   胃(い) : 위(胃)

大(おお)<u>きい</u> : 크다   ⇔   おおき : 大木(성씨의 하나)

お祖父(<u>じい</u>)さん : 할아버지   ⇔   おじさん : 아저씨

③ 「う」단의 가나 뒤에 「う」가 올 때

数字(<u>すう</u>じ) : 숫자(스-지)   ⇔   筋(すじ) : 근육

通知(<u>つう</u>ち) : 통지(通知)   ⇔   土(つち) : 흙

勇気(<u>ゆう</u>き) : 용기   ⇔   雪(ゆき) : 눈

④ 「え」단의 가나 뒤에 「い 혹은 え」가 올 때

名刺(**めい**し) : 명함(메-시)　　⇔　　飯(**めし**) : 밥

正確(**せい**かく) : 정확　　⇔　　世界(せかい) : 세계

お**ねえ**さん : 언니, 누나

⑤ 「お」단의 가나 뒤에 「う 혹은 お」가 올 때

お父(**とう**)さん: 아버지(오토-상)

多(**おお**)い : 많다　　⇔　　甥(おい) : 조카

氷(**こお**り) : 얼음　　⇔　　凝(こ)り : 근육이 뻐근함

8. 외래어 外来語 표기법

외래어는 「カタカナ」로 표기한다.

1) 영어 단어의 [b . d . g . j . v]는 탁음(ˇ)을 붙인다.

バス : 버스(**b**us)	ベンチ : 벤치(**b**ench)
クラ**ブ** : 클럽(clu**b**)	ハンド**バッグ** : 핸드백(han**db**ag)
ダンス : 댄스(**d**ance)	**デ**ザイン : 디자인(**d**esign)
ア**ド**レス : 어드레스(a**d**dress)	ベッ**ド** : 베드(**b**e**d**)
グラス : 글라스(**g**lass)	ランニン**グ** : 러닝(runnin**g**)
ジュ-ス : 주스(**j**uice)	**バ**イオリン : 바이올린(**v**iolin)
ビタミン : 비타민(**v**itamin)	**ビデ**オ : 비디오(**vid**eo)

2) 영어 단어의 [p]는 반탁음(°)을 붙인다.

ピアノ : 피아노(**p**iano)	**ペ**-ジ : 페이지(**p**age)
エ**プ**ロン : 앞치마, 에이프런(a**p**ron)	**パ** - セント : 퍼센트(**p**ercent)
レ**ポ** - ト : 리포트(re**p**ort)	

3) 영어모음 [a . e . i . o . u] 다음에 [r]이 오면 대부분 「장음화」한다.

カレン**ダ** - : 캘린더(calend**ar**)	**カ** - テン : 커튼(c**ur**tain)
ス**カ** - ト : 스커트(sk**ir**t)	**シガ** - : 시가(cig**ar**)
ロッ**カ** - : 로커(lock**er**)	サイ**ダ** - : 사이다(cid**er**)
カ - ド : 카드(c**ar**d)	**カラ** - : 컬러(colo**ur**)
カウン**タ** - : 카운터(count**er**)	**タワ** - : 타워(tow**er**)
ハン**バ** - **ガ** - : 햄버거(hamb**urger**)	

(예외)

ドル : 달러(doll**ar**)	エンジニア : 엔지니어(engine**er**)
アイロン : 다리미, 아이론(**ir**on)	オルガン : 오르간(**or**gan)

(주의)

이 공식을 쓸 때 제일 중요한 것은 [r]인데 이 [r]은 단어의 제일 앞만 아니라면 어디 있어도 상관없다. 그리고 장음이 적용되는 경우는 [r]바로 앞에 영어모음 [a ·e·i·o·u]가 올 때뿐이다.

만약 [r]이 2개 이상일 경우엔 각각의 [r]바로 앞에 [a·e·i·o·u]가 오는지 여부를 확인해서 장음을 붙여주면 된다.

4) 영어 단어 맨 끝이 [e]로 끝나고, 그 앞에 모음이 있으면 대부분 「장음화」한다.

ノ-ト : 노트(not**e**)	ケ-キ : 케이크(cak**e**)
ケ-ス : 케이스(cas**e**)	セ-ル : 세일(sal**e**)
チョコレ-ト : 초콜릿(chocolat**e**)	コ-ヒ- : 커피(coffe**e**)
ジュ-ス : 주스(jui**c**e)	ゲ-ム : 게임(gam**e**)
ル-ル : 룰(rul**e**)	デ-ト : 데이트(dat**e**)
テ-ブル : 테이블(tabl**e**)	ステ-ジ : 스테이지(stag**e**)

(예외)

ネックレス : 네크리스(necklac**e**)	サ-ビス : 서비스(servi_c**e**)

(주의)

이 공식을 적용할 때 중요한 것은 우선 단어 끝이 [e]로 끝나야만 하고, 앞에 오는 모음은 아무리 멀리 떨어져 있어도 상관없다는 점... 그리고 앞에 오는 모음 중에서 [e]에 가장 가까운 모음만이 장음으로 변한다는 점이다.

주의 깊게 위의 예문을 보신 분이라면 コ-ヒ-에 대해서 의문을 가지실 거 같기도 한데 コ-ヒ-에서 장음이 두 번 들어가는 것은 4번 공식과 5번 공식(이중모음)이 모두 적용되기 때문이다.

5) 「이중모음」은 대부분 「장음화」한다.

ボ-ト : 보트(b**oa**t)	ビ-ル : 비어(b**ee**r)
ティ- : 티(t**ea**)	リ-ド : 리드(l**ea**d)
ム-ド : 무드(m**oo**d)	チ-ム : 팀(t**ea**m)

(예외)

ラジオ : 라디오(rad**io**)

6) 기타

タク<u>シ - </u> : 택시(taxi) コ<u>ピ - </u> 카피(copy)

エレ<u>ベ - タ - </u> : 엘리베이터 エスカ<u>レ - タ - </u> : 에스컬레이터
           (elevator)   (escalator)

ス<u>キ - </u> : 스키(ski) ウイ<u>スキ - </u> : 위스키(whisky)

コン<u>ピュ - タ - </u> : 컴퓨터(computer) ディス<u>プレ - </u> : 디스플레이(display)

<u>ボ - </u>ル ペン : 볼펜(ball pen)

第 3 課

あいさつことば

1. 아침인사

学生 : おはようございます。

先生 : おはよう。

동료, 친구사이에는 おはよう라고
간단히 한다.

2. 낮 인사

A : こんにちは。

B : こんにちは。

3. 저녁 인사

A : こんばんは。

B : こんばんは。

4. 헤어질 때

A : さようなら。

B : じゃ、また。

A : おやすみなさい。

B : おやすみ。

5. 외출과 귀가

いってまいります。
= いってきます。
いっていらっしゃい。
다녀오겠습니다.
다녀오십시오.

잇떼랏샤이

잇떼키마스

ただいま。
おかえりなさい。
다녀왔습니다.
어서 오세요.

오카에리나사이

타다이마

6. 감사 표현

A : どうもありがとうございます。

B : いいえ、どういたしまして。

7. 식사 표현

전 : いただきます。

후 : ごちそうさまでした。

8. 사과 표현

A : どうもすみません。

B : いいえ、かまいません。

    = だいじょうぶです。

9. 축하 표현

A　 : おめでとうございます。

B　 : ありがとうございます。

10. 소개할 때

金　 : はじめまして。私は金と申します。

田中 : はじめまして。田中と申します。

金　 : どうぞよろしく。

田中 : こちらこそよろしく。

金　 : 私は会社員です。

田中 : そうですか。私も会社員です。

김　　 : **처음 뵙겠습니다.　저는 김이라고 합니다.**

타나카 : 처음 뵙겠습니다.　타나카라고 합니다.

김　　 : **잘 부탁합니다.**

타나카 : 저야말로 잘 부탁합니다.

김　　 : **저는 회사원입니다.**

타나카 : 그렇습니까. 저도 회사원입니다.

호텔서비스사의 용모와 복장

1. 남자
○ 머리 : 머리는 가능한 한 짧고 단정하게 하며, 머릿기름을 발라 잘 빗어야 한다.
○ 얼굴 : 면도를 깨끗이 하고 콧수염이 나오지 않도록 하며, 식사 후에는 반드시 양치질을 한다. 안경은 착용하지 않는 것이 좋으나 부득이한 경우 화려하지 않은 안경을 착용해야 한다.
○ 손 : 손톱은 짧게 깎고, 반지는 끼지 않는 것을 원칙으로 한다.
○ 유니폼 : 항상 규정된 유니폼을 깨끗하게 착용하고, 명찰 및 배지는 정 위치에 달아야 한다.
○ 구두 및 양말 : 구두와 양말은 필히 검은색으로 하고, 구두는 윤기가 나게 닦아져 있어야 한다.

2. 여자
○ 머리 : 각자의 얼굴형에 맞추어 항상 단정하게 유지 관리한다.
○ 얼굴 : 화장을 진하게 하지 않고, 식사 후에는 반드시 양치질을 한다.
안경은 착용하지 않는 것이 좋으나 부득이한 경우 화려하지 않은 안경을 착용해야 한다.
○ 손 : 손톱을 짧게 하고 매니큐어를 할 시 투명한 색깔로 하며, 반지와 팔찌 등 화려한 액세서리는 삼가는 것이 좋다.
○ 유니폼 : 항상 규정된 유니폼 착용과 명찰 및 배지는 정 위치에 달아야 하며, 살색 등의 엷은 색 스타킹을 착용해야 한다.

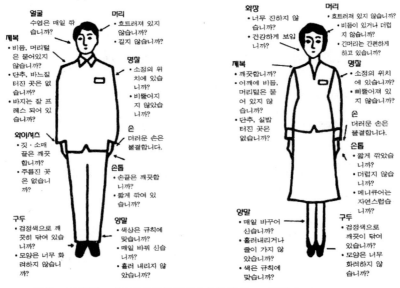

출처 : 남택영, 「호텔식음료서비스실무경영」, 학문사, 2001, p.22.

第 4 課

いつのお泊まりでございますか。

いつのお泊まりでございますか。

職員 ： ありがとうございます。

　　　　ロッテホテルの客室予約係りでございます。

客 ： もしもし、ロッテホテルですか。客室予約をしたいのですが。

職員 ： いつのお泊まりでございますか。

客 ： 十月九日から二日間泊まりたいんですが。

職員 ： 十月九日から二日間でございますね。何名様でしょうか。

客 ： 二人ですが、部屋は一つでいいです。

職員 ： ダブルとツインとどちらがよろしいでしょうか。

客 ： ツインにして下さい。

職員 ： はい、かしこまりました。お名前は？

客 ： 萩原健太郎です。

職員 ： 十月九日から二泊のご予約、萩原健太郎様でございますね。

客 ： はい、そうです。

職員 ： 連絡先をお願い致します。

客 ： 東京の03-5687-9848です。

職員 ： はい、ありがとうございます。

　　　　お越しをお待ちしております。

- フロント デスク : 프론트 데스크
  (Front Desk)
- 客室(きゃくしつ) : 객실
- ござる : 〈「ある」의 공손한 표현〉
  있습니다 = ございます
- 十月(じゅうがつ) : 10월
- 二日間(ふつかかん) : 2일간
- 二人(ふたり) : 두 사람
- 一(ひと)つ : 한개
- ダブル : 더블(double)
- ツイン : 트윈(twin)
- 名前(なまえ) : 이름, 성명
- 二泊(にはく) : 2박
- 待(ま)つ : 기다리다

- 電話(でんわ) : 전화
- 予約(よやく) : 예약
- 係(かか)り : 담당, 담당직원
- いつ : 언제
- 泊(と)まる : 숙박하다, 묵다
- 九日(ここのか) : 9일
- 何名様(なんめいさま) : 몇 분
- 部屋(へや) : 방
- いい : 〈「良(よ)い」보다
  부드러운 표현〉좋다
- よろしい : 〈「良(よ)い」의
  공손한 표현〉좋다, 괜찮다
- 連絡先(れんらくさき) : 연락처

언제 숙박입니까?

직원 : 감사합니다.

　　　　롯데호텔 객실예약계입니다.

손님 : 여보세요. 롯데호텔입니까? 객실예약을 하고 싶습니다만.

직원 : **언제 숙박입니까?**

손님 : 10월 9일부터 2일간 묵고 싶습니다만,

직원 : **10월 9일부터 2일간, 몇 분이십니까?**

손님 : 두 명입니다만, 방은 하나면 됩니다.

직원 : **더블과 트윈, 어느 쪽으로 하시겠습니까?**

손님 : 트윈으로 해주세요.

직원 : **네, 잘 알겠습니다. 성함은 어떻게 되십니까?**

손님 : 하기와라 켄타로입니다.

직원 : **10월 9일부터 2박 예약, 하기와라 켄타로님이시지요?**

손님 : 네 그렇습니다.

직원 : **연락처를 부탁드리겠습니다.**

손님 : 동경, 03-5687-9848입니다.

직원 : **네, 감사합니다.**

　　　　오시기를 기다리고 있겠습니다.

1. 十月九日から

○ 달(月) 읽는 법 : 숫자 뒤에 「-がつ」를 붙이면 된다.

1월 一月 いち がつ	2월 二月 に がつ	3월 三月 さん がつ	4월 四月 し がつ	5월 五月 ご がつ	6월 六月 ろく がつ
7월 七月 しち がつ	8월 八月 はち がつ	9월 九月 く がつ	10월 十月 じゅう がつ	11월 十一月 じゅういち がつ	12월 十二月 じゅうに がつ
몇 월 何月 なん がつ					

○ 일(日) 읽는 법 : 1일부터 10일까지, 그리고 14, 20, 24일은 일본 고유의 말
로 나타낸다.
11 뒤부터 「-にち」를 붙이면 된다.

1일 一日 ついたち	2일 二日 ふつか	3일 三日 みっか	4일 四日 よっか	5일 五日 いつか

6일 六日 むいか	7일 七日 なのか	8일 八日 ようか	9일 九日 ここのか	10일 十日 とおか

11일 十一日 じゅういち にち	12일 十二日 じゅうに にち	13일 十三日 じゅうさん にち	14일 十四日 じゅう よっか	15일 十五日 じゅうご にち

16일 十六日	17일 十七日	18일 十八日	19일 十九日	20일 二十日
じゅうろく **にち**	じゅうしち **にち**	じゅうはち **にち**	じゅうく **にち**	**はつか**

21일 二十一日	22일 二十二日	23일 二十三日	24일 二十四日	25일 二十五日
にじゅういち **にち**	にじゅうに **にち**	にじゅうさん **にち**	にじゅう **よっか**	にじゅうご **にち**

26일 二十六日	27일 二十七日	28일 二十八日	29일 二十九日	30일 三十日
にじゅうろく **にち**	にじゅうしち **にち**	にじゅうはち **にち**	にじゅうく **にち**	さんじゅう **にち**

31일 三十一日	몇 일 何日
さんじゅういち **にち**	なん **にち**

※ 날짜를 읽을 때 4日(よっか)과 8日(ようか)의 발음 주의.
14日은 「じゅうよっか」, 24日은 「にじゅうよっか」이다.

2. 泊まりたいんですが。

「泊(と)まる(묵다, 숙박하다)」의 동사 연용형 「泊(と)まり」에, 희망을 나타내는
조동사 「～たい(…고 싶다)」가 연결된 뒤 다시 「～んです」가 이어진 말이다.
「～んです」는 자신의 입장 표명이나 설명, 해명 등을 할 때 쓰이는 말이다.
[例(たと)えば]
全州へ行(い)きたいんですが。(전주에 가고 싶습니다만…)

3. 何名様でしょうか。

「～様(さま)」는 「～さん」보다 격식을 차린 말이다. 「何名様(なんめいさま)」
는 아주 공손하게 사람 수를 묻는 말이다.

4. かしこまりました。

「わかりました」보다 아주 정중하게 「잘 알겠습니다.」라는 표현으로 부탁이나
지시, 명령, 주문 등에 대해서 쓰인다.

5. 東京の03-5687-9848です。

전화번호「0」을 읽을 때는 「まる」「れい」「ゼロ」로 읽는다.
예를 들어 813-5064의 경우, 「はち・いち・さんの ご・ゼロ・ろく・よん」
이라고 읽는 것이 일반적이다.
(주의 : 학문적인 수사数詞 읽기에서는 0을 「零(れい)」라고 읽는다. 즉, 0.5의
경우 「れい てん ご」가 된다.)
2와 5는 長音장음으로 「に-」「ご-」등으로 읽는 것이 듣는 사람에게 정확히
전달 될 수 있다.
722-0215의 경우 「なな・に-・に-の ゼロ・に-・いち・ご-」라고 발음하는
것이 듣는 사람에게 정확히 전달된다.

6. お越しをお待ちしております。

「待(ま)つ(기다리다)」의 겸양어 표현인 「お待(ま)ちする」의 「〜て」형에
「いる」의 겸양어 「おる」가 이어진 말이다.
「〜ておる」는 「〜ている」의 겸손한 표현.

〈객실예약〉
출처 : https://blog.naver.com/philippines_007/221071186711

01 다음 한자 읽기를 히라가나로 쓰고 뜻도 써 보세요.

1) 客室   (   )(   )

2) 名前   (   )(   )

3) 電話   (   )(   )

4) 予約   (   )(   )

5) 連絡先   (   )(   )

02 다음 ( )에 알맞은 것을 고르세요.

1) ダブル( )ツインとどちらがよろしいでしょうか。
   ① は   ② が   ③ と   ④ お

2) A : いつのお泊まりでございますか。
   B : 十月九日( )二日間泊まりたいんですが。
   ① たり   ② まで   ③ より   ④ から

3) 客室予約をし( )のですが。
   ① ても   ② たい   ③ など   ④ こそ

03 보기와 같이 써 보세요.

보기	十月 / 九日 → 十月九日から二日間でございますね。

1) 五月 / 三日   → ....

2) 八月 / 十日   → ....

3) 十二月 / 十四日   → ....

04 자연스러운 문장이 되도록 순서를 바꿔 보세요.

1) ございます / で / 客室予約係り

....

2) ございますか / の / で / いつ / お泊まり

....

3) いい / 部屋 / で / です / は / 一つ

....

05 다음 문장을 일본어로 써 보세요.

1) 트윈으로 해주세요.

....

2) 연락처를 부탁드리겠습니다.

....

3) 언제 숙박입니까?

....

06 다음 문장을 읽고 질문에 ◯, ×로 대답하세요.

A : いつのお泊まりでございますか。

B : 十月九日から二日間泊まりたいんですが。

A : 十月九日から二日間でございますね。何名様でしょうか。

B : 二人ですが、部屋は一つでいいです。

A : ダブルとツインとどちらがよろしいでしょうか。

1) B는 3일간 묵을 예정이다.　　（　　　）
2) B는 객실 두 개를 원한다.　　（　　　）

객실의 종류

- ● シングルルーム(Single Room)
  1인용 침대의 객실
- ● タブルルーム(Double Room)
  2인용 침대의 객실
- ● ツインルーム(Twin Room)
  1인용 침대 2개의 객실
- ● トリップルルーム(Triple Room)
  더블 룸에 「Extra bed(추가침대)」1개를 더 넣어 3인용 이상의 객실로 이용
- ● スイートルーム(Suite Room)
  침실과 거실이 분리되어 있는 고급(특급)객실
- ※ 「予備(よび)ベッド(Extra bed)」
  엑스트라 베드는 객실 정원 이상의 인원을 숙박시킬 때 사용되는 간이 보조침대를 말한다.

〈더블 룸〉

출처 : https://www.seamarqhotel.com/double

第5課

ようこそロッテホテルへ
お越し下さいました。

ようこそロッテホテルへお越し下さいました。

(お客様の到着)

職員：こんにちは。ようこそロッテホテルへお越し下さいました。

客　：ありがとう。

職員：お荷物をお持ち致します。お荷物はこれでございますね。

客　：ええ、そうです。

職員：只今ベルマンがご案内致しますので、少々お待ち下さい。

客　：わかりました。

(お客様の外出)

職員：タクシーをお呼び致しましょうか。

客　：はい、お願いします。

職員：どちらまでいらっしゃいますか。

客　：梨泰院(イテウォン)まで行きたいんですが。

職員：はい、かしこまりました。

(タクシーが玄関に止まる)

職員：お客様、梨泰院からホテルにお帰りになる時には、
　　　このカードを運転手にお見せ下さいませ。

客　：ありがとう。

- ドアマン : 도어맨(Doorman)
- 越(こ)す : 넘다
- 持(も)つ : 가지다, 취하다
- ござる : 〈「ある」의 공손한 표현〉
  있습니다 = ございます
- ベルマン : 벨맨(Bellman)
- 少々(しょうしょう) : 조금, 잠깐
- 分(わ)かる : 알다
- タクシ- : 택시(taxi)
- 願(ねが)う : 바라다, 부탁하다
- 行(い)く : 가다
- 止(と)まる : 멈추다, 서다
- 帰(かえ)る : 돌아오다
- カ-ド : 카드(card)
- 見(み)せる : 보이다

- 到着(とうちゃく) : 도착
- 荷物(にもつ) : 짐
- 致(いた)す : 〈「する」의 겸사말〉
  하다
- ただ今(いま) : 지금, 곧
- 案内(あんない) : 안내
- 待(ま)つ : 기다리다
- 外出(がいしゅつ) : 외출
- 呼(よ)ぶ : 부르다
- いらっしゃる : 오시다/가시다/계시다
- 玄関(げんかん) : 현관
- ホテル : 호텔(hotel)
- 時(とき) : 때
- 運転手(うんてんしゅ) : 운전수

〈도어맨〉

출처 : http://egloos.zum.com/argo9book/v/191923

롯데호텔에 오신 것을 환영합니다.

(손님의 도착)

직원 : 안녕하십니까? 롯데호텔에 오신 것을 환영합니다.

손님 : 고마워요.

직원 : 짐을 들어 드리겠습니다. 짐은 이것이지요?

손님 : 네, 그렇습니다.

직원 : 지금 곧 벨맨이 안내해 드리니, 잠시만 기다려 주십시오.

손님 : 알겠습니다.

(손님의 외출)

직원 : 택시를 불러 드릴까요?

손님 : 예, 부탁합니다.

직원 : 어디까지 가십니까?

손님 : 이태원까지 가고 싶습니다만.

직원 : 예, 알겠습니다.

(택시가 현관에 멈추다)

**직원 : 손님, 이태원에서 호텔로 돌아오실 때는
이 카드를 운전수에게 보여 주세요.**

손님 : 감사합니다.

1. ようこそ

방문자를 환영하는 인사말. 「어서 오십시오」라는 뜻. 이 말 다음에 「ようこそ いらっしゃいました。(잘 오셨습니다)」와 같이 다른 말이 또 이어지기도 한다.

2. これでございますね。

자주 쓰는 정중어의 하나. 「~です」를 보다 정중하게 표현할 때는 「~でござ います」라고 하고, 「あります」를 보다 정중하게 표현할 때는 「ございます」 라고 각각 말한다.

3. 只今

「지금 곧, 바로」의 뜻이나, 「밖에서 돌아왔을 때의 인사말 "다녀왔습니다." 」라는 뜻으로도 쓰인다.

4. ご案内致しますので

「致(いた)します」는 「します」의 겸양어로 「お(ご)~致(いた)します」의 문형 으로 어떤 동작을 하겠다는 의사표시를 겸손하게 나타내 준다.
「~ので」는 이유, 원인을 나타내는 접속조사로 「~이므로」「~때문에」로 번 역되며, 용언의 연체형에 연결된다.

5. 少々お待ち下さい。

少々(しょうしょう) お待(ま)ち下(くだ)さい。는 「잠시(잠깐) 기다려주시오」라 는 뜻이나, 보다 정중하게 표현할 때는 「ませ」를 붙인다. 또한 「々」는 앞 「少」자와 같은 漢子라는 뜻의 부호이다.
[例(たと)えば]
少少 → 少々(しょうしょう : 잠시, 잠깐), 時時 → 時々(ときとき : 때때로)

6. お見せ下さいませ。

상대방의 행동요구 표현에 동사의 연용형 「~てください」라는 표현을 공손하게 表現하고자 할 때는 「お + 動詞 連用形 + ください」의 形態를 쓴다.

［例(たと)えば］

見(み)せて下(くだ)さい。(보여 주세요)

→ お見(み)せ下(くだ)さい。(보여 주십시오)

「送(おく)り仮(が)名(な)」 란...

한자(漢字)와 仮名(かな)를 함께 表記할 때 한자의 읽기를 明確히 하기 위해 한자 뒤에 붙이는 かな를 「送(おく)り仮名(がな)」 라 한다.

(예)   着(つ)く   決(き)まる   座(すわ)る
          ↑   ↑ ↑   ↑

일본에서는 1973년 「送(おく)り仮名(がな)」 붙이는 법을 告示하여 法令, 公用文書, 잡지, 放送 등에서 使用하도록 하고 있다.

實務호텔일본어를 처음 배우는 사람은 우선 그 낱말의 「送(おく)り仮名(がな)」에 注意를 기울이면서 익혀나가면 된다.

01 다음 한자 읽기를 히라가나로 쓰고 뜻도 써 보세요.

1) 到着　　　　　　　(　　　　　　　　　　)(　　　　　　　　　　)

2) 荷物　　　　　　　(　　　　　　　　　　)(　　　　　　　　　　)

3) 案内　　　　　　　(　　　　　　　　　　)(　　　　　　　　　　)

4) 外出　　　　　　　(　　　　　　　　　　)(　　　　　　　　　　)

5) 玄関　　　　　　　(　　　　　　　　　　)(　　　　　　　　　　)

02 다음 (　　　)에 알맞은 것을 고르세요.

1) タクシー(　　　　)お呼び致しましょうか。

① は　　　　② が　　　　③ を　　　　④ お

2) 梨泰院(イテウォン)(　　　　)行きたいんですが。

① たり　　　② まで　　　③ より　　　④ から

3) このカードを運転手(　　　)お見せ下さいませ。

① ても　　　② に　　　③ など　　　④ こそ

03 보기와 같이 써 보세요.

보기	見(み)せて下(くだ)さい。　→お見(み)せ下(くだ)さい。

1) 開(あ)けてください　　　→ _____

2) 決(き)めてください　　　→ _____

3) 変(か)えてください　　　→ _____

04 자연스러운 문장이 되도록 순서를 바꿔 보세요.

1) お越し / へ / ようこそ / 下さいました / ロッテホテル

....

2) ので / が / ご案内致します / 只今 / ベルマン

....

3) 下さいませ / この / 運転手に / を / お見せ / カード

....

05 다음 문장을 일본어로 써 보세요.

1) 짐을 들어 드리겠습니다.

....

2) 잠시만 기다려 주십시오.

....

3) 어디까지 가십니까?

....

06 다음 문장을 읽고 질문에 ○, ×로 대답하세요.

> A：タクシーをお呼び致しましょうか。
>
> B：はい、お願いします。
>
> A：どちらまでいらっしゃいますか。
>
> B：梨泰院(イテウォン)まで行きたいんですが。

1) B는 버스를 희망하고 있다.   (   )
2) B는 이태원까지 가기를 희망한다.   (   )

한자(漢字) 읽기의 원칙

1. 일본에서는 한자어(漢語)가 아닌 고유어(和語)도 한자로 표기하고 있는데, 일반적으로 한자어는 음으로 읽고, 고유어는 훈으로 읽으면 된다.
   (음독은 우리나라 한자음과 비슷하여 외우기가 쉽다.)

2. 하나로 된 낱말은 보통 훈독으로 읽는다.

3. 두 자 이상의 한자로 된 낱말은 ① 모두 음으로 읽는 경우, ② 모두 훈으로 읽는 경우, ③ 앞의 것은 훈으로 읽고 뒤의 것은 음으로 읽는 경우, ④ 앞의 것은 음으로 읽고 뒤의 것은 훈으로 읽는 경우가 있다.
   (이 가운데 ①의 경우가 가장 많다.)

   1) 音·音 (앞과 뒤를 모두 음으로 읽는 단어)
      経済(경제), 科学(과학), 教育(교육), 道路(도로)

   2) 訓·訓 (앞과 뒤를 모두 훈으로 읽는 단어)
      小包(소포), 食べ物(먹을 것)

   3) 訓·音 (앞을 훈, 뒤를 음으로 읽는 단어)
      荷物(짐), 見本(견본), 場合(경우)

   4) 音·訓 (앞을 음, 뒤를 훈으로 읽는 단어)
      字引(사전), 台所(부엌), 試合(시합)

한자(漢字)의 음(音)·훈(訓) 읽기

일본에서는 하나의 한자(漢字)를 음(音)으로 읽기도 하고 뜻(訓)으로 읽기도 한다.

한자를 음으로 읽는 것을 「音読(おんよ)み(음독)」이라 하고, 뜻(訓)으로 읽는 것을 「訓読(くんよみ)(훈독)」이라 한다.

그러므로 한자 하나하나 마다 음독과 훈독의 두 가지 읽기를 읽혀나가야 한다.

특히, 하나의 한자에 반드시 음과 훈이 각각 하나씩 있는 것이 아니고, 여러 가지로 읽는 것이 있으므로 주의하면서 익혀나가야 한다.

예를 들면, 「풀」과 「나무」는 「草」와 「木」으로 표기하여 「くさ」와 「き」로 읽고, 「초목」을 「草木」으로 표기하여 「そうもく」로 읽는다.

이처럼 일본에서는 「草」라는 한자를 「くさ」나 「そう」로 읽고, 「木」라는 한자를 「き」나 「もく」로 읽는다.

「草」를 「くさ」로, 「木」을 「き」로 읽는 것을 「訓読(くんよみ)(훈독)」라 하고, 「草」를 「そう」로, 「木」을 「もく」로 읽는 것을 「音読(おんよ)み(음독)」라 한다.

●草 [「訓読み(훈독)」　くさ
      「音読み(음독)」　そう

●木 [「訓読み(훈독)」　き
      「音読み(음독)」　もく

「当て字 란」

일본 한자가운데 漢字본래의 뜻과는 관계없이 글자의 읽기만을 맞추어 표기한 漢字, 또는 글자의 읽기와 관계없이 뜻만을 맞추어 표기한 漢字를 「当(あ)て字(じ)」라 한다.

景色	경치	果物	과일
今年	금년	今日	오늘
今朝	오늘 아침	大人	어른
明日	내일	部屋	방
時計	시계	息子	아들
友達	친구	二人	두 사람
昨日	어제	土産	선물

第6課

チェックインをお願<ruby>願<rt>ねが</rt></ruby>いします。

チェックインをお願いします。

職員 ： いらっしゃいませ。

客 ： チェックインをお願いします。

職員 ： お名前をお願い致します。

客 ： 萩原健太郎です。

職員 ： ご予約はなさいましたか。

客 ： はい、四日前にしました。

職員 ： お調べ致しますので、少々お待ち下さい。

(しばらくしてから)

職員 ： 朝日新聞の萩原健太郎様、

　　　　ビジネスルームを、シングルで二泊でございますね。

客 ： 実は、日程がかわり、もう一日泊まりたいんですが。

職員 ： はい、かしこまりました。三泊でございますね。

　　　　このカードに生年月日とお名前、ご住所とパスポートナンバ

　　　　ー などの記入をお願い致します。

客 ： あの、出国日は未定なので、書かなくてもいいですか。

職員 ： 予定の日付をお願い致します。

客 ： はい、これでいいですか。

職員 ： ありがとうございます。

客 ： 何号室ですか。

職員 ： 815号室になります。

ベルマンがお部屋までご案内致します。

단어/単語

- チェック イン ： 체크 인(Check In)
- 予約(よやく) ： 예약
- 四日(よっか) ： 4일
- する ： 하다
- 致(いた)す ：〈「する」의 겸사말〉 하다
- 朝日新聞(あさひしんぶん) ： 일본의 3대 일간지 중 하나
- シングル ： 싱글(single)
- ござる ：〈「ある」의 공손한 표현〉 있습니다 ＝ ございます
- 変(か)わる ： 변하다, 바뀌다
- 泊(と)まる ： 숙박하다, 묵다
- カード ： 카드(card)
- パスポート ： 패스포트(Passport), 여권
- -など ： -등
- 出国日(しゅっこくび) ： 출국일
- 書(か)く ： 쓰다
- 日付(ひづけ) ： 날짜
- ベルマン ： 벨맨(Bellman)
- 案内(あんない) ： 안내
- 名前(なまえ) ： 이름, 성명
- なさる ：〈する의 높임말〉하시다
- -前(まえ) ： -전
- 調(しら)べる ： 조사하다
- 少々(しょうしょう) ： 조금, 잠깐
- 待(ま)つ ： 기다리다
- ビジネスルーム ： 비즈니스 룸(business room)
- 二泊(にはく) ： 2박
- 実(じつ) ： 사실
- 日程(にってい) ： 일정
- 一日(いちにち) ： 하루
- 三泊(さんぱく) ： 3박
- 生年月日(せいねんがつび) ： 생년월일
- 住所(じゅうしょ) ： 주소
- ナンバー ： 넘버(number)
- 記入(きにゅ) ： 기입
- 未定(みてい) ： 미정
- 予定(よてい) ： 예정
- 号室(ごうしつ) ： 호실
- 部屋(へや) ： 방

체크인을 부탁합니다.

직원 : 어서 오십시오.

손님 : 체크인을 부탁합니다.

직원 : 성함을 말씀해 주십시오.

손님 : 하기와라 켄타로입니다.

직원 : 예약은 하셨습니까 ?

손님 : 네 , 4 일 전에 했습니다 .

직원 : 알아보겠으니, 잠시 기다려 주십시오.

(잠시 후)

직원 : 아사히신문의 하기와라 켄타로님 ,

　　　　비즈니스 룸을 싱글로 2 박이시군요.

손님 : 사실은, 일정이 바뀌어서 하루 더 묵고 싶습니다만.

직원 : 네, 알겠습니다 . 3 박이 되겠군요 .

　　　　이 카드에 생년월일과 성함, 주소와 여권번호

　　　　등의 기입을 부탁합니다 .

손님 : 저… , 출국날짜는 미정인데 쓰지 않아도 됩니까 ?

직원 : 예정일을 써 주십시오.

손님 : 네, 이러면 되겠습니까 ?

직원 : 감사합니다 .

손님 : 몇 호실입니까 ?

직원 : 8 1 5 호실입니다 .

　　　 벨맨이 방까지 안내해 드리겠습니다 .

＜체크인＞

출처 : https://blog.naver.com/kcgd2005/220292159679

1. お願いします。

「願(ねが)う(부탁하다)」의 겸양표현으로「부탁합니다.」라는 뜻이다. 자신의 행동을 더 낮추어서 손윗사람에게 말 할 때는 「お願(ねが)い致(いた)します」를 쓴다.

2. ご予約はなさいましたか。

「する(하다)」의 높임말 「なさる(하시다)」를 사용한 표현.

3. もう一日泊まりたいんですが。

1日을 「ついたち」라고 읽으면 〈날짜〉를 뜻하고, 「いちにち」라고 읽으면 〈기간〉을 뜻하는 「하루」를 말한다.

4. 三泊でございますね。

「でございます」는「です」의 겸손의 표현으로 겸양어이다. 여기서는 손님에게 「3박 이지요?」보다는「3박 이시지요?」의 느낌으로 말한 것.

5. 書かなくてもいいですか。

「書(か)く(쓰다)」의 미연형에 「～なくてもいい(…지 않아도 좋다)」가 이어진 문형
[例(たと)えば]
行(い)かなくてもいいです。(가지 않아도 좋습니다.)

6. 815号室になりなす。

「～になります」는 「…가/이 됩니다.」의 뜻을 나타내지만, 「です」의 간접적인 표현으로 공손한 느낌을 준다.
[例(たと)えば]
五時(ごじ)です。 → 五時(ごじ)になりました。

01 다음 한자 읽기를 히라가나로 쓰고 뜻도 써 보세요.

1) 出国日   (   )(   )

2) 日付   (   )(   )

3) 名前   (   )(   )

4) 生年月日   (   )(   )

5) 号室   (   )(   )

02 다음 ( )에 알맞은 것을 고르세요.

1) 815号室(ごうしつ)(   )なります。

     ① は   ② に   ③ と   ④ お

2) 日程(にってい)(   )かわり、もう一日(いちにち)泊(と)まりたいんですが。

     ① たり   ② まで   ③ の   ④ が

3) お調(しら)べ致(いた)します(   )、少々(しょうしょう)お待(ま)ち下(くだ)さい。

     ① ので   ② たい   ③ など   ④ ながら

03 보기와 같이 써 보세요.

보기	書(か)く → 書かなくてもいいですか。

1) 読(よ)む   → ....

2) 話(はな)す   → ....

3) 立(た)つ   → ....

04 자연스러운 문장이 되도록 순서를 바꿔 보세요.

1) 泊まりたいんですが / かわり / もう / 日程が / 一日

   ....

2) ので / は / いいですか / 未定な / 書かなくても / 出国日

   ....

3) まで / ご案内 / が / お部屋 / 致します / ベルマン

   ....

05 다음 문장을 일본어로 써 보세요.

1) 체크인을 부탁합니다.

   ....

2) 일정이 바뀌어서 하루 더 묵고 싶습니다만.

   ....

3) 벨맨이 방까지 안내해 드리겠습니다.

   ....

06 다음 문장을 읽고 질문에 ○, ×로 대답하세요.

A：朝日新聞の大牧 明様、

ビジネスルームを、シングルで二泊でございますね。

B：実は、日程がかわり、もう一日泊まりたいんですが。

A：はい、かしこまりました。三泊でございますね。このカードに生年月日と

お名前、ご住所とパスポートナンバーなどの記入をお願い致します。

1) A는 2일간 묵을 예정이다. ( )
2) 등록카드에는 성함, 회사명, 주소, 여권번호 등을 기입해야 한다. ( )

벨 맨(Bell man)의 업무

　Check-in, Check-out시 고객의 짐을 운반하고 보관하며 고객을 객실로 안내하고 객실사용을 설명한다. 고객의 승강기, 프런트 데스크 앞, Bell desk 근처와 같은 고객응대에 있어 최적의 장소로서 고객의 질문과 요구사항을 만족시킨다.

　로비 제반 시설물의 이상 유무 확인 및 질서와 청결상태 유지를 위해 타부서와 협조한다.

　고객의 요청이나 VIP명단에 근거하여 객실로 신문을 배달하고, 국기의 게양과 하강업무를 책임진다.

　행사안내판(Function board)을 작성하고 무료포장서비스를 하며 객실업무와 관련된 업무를 수행한다.

〈벨맨〉

출처 : https://blog.naver.com/dkhotel00/221453576020

お荷物をお持ち致します。

お荷物をお持ち致します。

職員 ： いらっしゃいませ。お荷物をお持ち致します。

客　 ： はい、ありがとうございます。

職員 ： お荷物はこのスーツケース二個でございますね。

客　 ： そうです。

職員 ： では、どうぞこちらへ。　エレベーターはこちらでございます。

客　 ： ああ、そうですか。

職員 ： お客様、どうぞ。

客　 ： どうも。

- エレベーターの中で -

客　 ： 重くありませんか。

職員 ： いいえ、大丈夫です。

　　　　韓国には初めてでいらっしゃいますか。

客　 ： いいえ、韓国にはこれで二度目です。

職員 ： そうですか。

　　　　お客様、八階に着きました。どうぞこちらへ。

- エレベーターを降りる -

職員 ： 815号室でございます。

客　 ： ああ、明るくて静かな部屋ですね。

職員 ： はい、お荷物はこちらにおいておきます。

- ベル デスク : 벨데스크(Bell Desk)
- 案内(あんない) : 안내
- 持(も)つ : 가지다, 취하다
- 二個(にこ) : 두 개
- エレベ-タ- : 엘리베이터(elevator)
- 重(おも)い : 무겁다
  ↔軽(かる)い 가볍다
- 初(はじ)めて : 처음으로
- 八階(はっかい) : 8층
- 降(お)りる : 내리다
- 明(あか)るい : 밝다
  ↔暗(くら)い 어둡다
- 置(お)く : 두다

- 客室(きゃくしつ) : 객실
- 荷物(にもつ) : 짐
- ス-ツケ-ス : 여행용 소형가방,
  슈트케이스(suitcase)
- 中(なか) : 안
- 大丈夫(だいじょうぶ) : 괜찮음
- 韓国(かんこく) : 한국
- 二度(にど) : 두 번
- 着(つ)く : 도착하다
- 号室(ごうしつ) : 호실
- 静(しず)かだ : 조용하다
- 部屋(へや) : 방

짐을 들어 드리겠습니다.

직원 : 어서 오십시오. 짐을 들어 드리겠습니다.

손님 : 고맙습니다.

직원 : 짐은 이 슈트케이스 2개이시군요.

손님 : 그렇습니다.

직원 : 그럼, 이쪽으로 오십시오. 엘리베이터는 이쪽입니다.

손님 : 아아, 그렇습니까?

직원 : 손님, 타시죠.

손님 : 고마워요.

- 엘리베이터 안에서 -

손님 : 무겁지 않나요?

직원 : 아니요. 괜찮습니다.

　　　 한국에 처음 오셨습니까?

손님 : 아니오, 한국에는 이번으로 두 번째입니다.

직원 : 그렇습니까?

　　　 손님, 8층에 도착했습니다. 이쪽으로 오십시오.

- 엘리베이터에서 내리다 -

직원 : 815호실입니다.

손님 : 아, 밝고 조용한 방이군요.

직원 : 네, 짐은 여기에 놓겠습니다.

1. お荷物をお持ち致します。

「持(も)ちます(갖다)」의 겸양어이다. 「お + 동사 연용형 + する」문형

持(も)つ　→　お持(も)ちする　→　お持(も)ち致(いた)す

2. 二個でございますね。

물건의 수를 세는 말로, 一個(いっこ), 二個(にこ), 三個(さんこ), 四個(よんこ),
五個(ごこ), 六個(ろっこ), 七個(ななこ), 八個(はっこ), 九個(きゅうこ), 十個(じっ
こ), 何個(なんこ)(몇 개)

3. では、どうぞこちらへ。

어떤 장소로 안내할 때 사용하는 말로 이에 대한 대답은 그다지 필요하지 않으
나, 특히 감사를 표하고자 할 경우에는 「どうも (고맙습니다)」라고 간단히 대
답한다.

4. 重くありませんか。

형용사 「重(おも)い(무겁다)」의 부정형으로 「~くありません」의 문형

5. 八階に着きました。

○ 층 수 세는 법(~층)

일층	이층	삼층	사층	오층
一階	二階	三階	四階	五階
いっ かい	に かい	さん がい	よん かい	ご かい
육층	칠층	팔층	구층	십층
六階	七階	八階	九階	十階
ろっ かい	なな<u>かい</u> しち<u>かい</u>	はっ かい	きゅう かい	じっ かい
몇 층				
何階				
なん がい				

〈벨맨〉

출처 : https://hotelleader.blog.me/100196742632

01 다음 한자 읽기를 히라가나로 쓰고 뜻도 써 보세요.

1) 二個　　　　　　　(　　　　　　　)(　　　　　　　)

2) 八階　　　　　　　(　　　　　　　)(　　　　　　　)

3) 客室　　　　　　　(　　　　　　　)(　　　　　　　)

4) 韓国　　　　　　　(　　　　　　　)(　　　　　　　)

5) 部屋　　　　　　　(　　　　　　　)(　　　　　　　)

02 다음 (　　　)에 알맞은 것을 고르세요.

1) 八階(はっかい)(　　　　　)着(つ)きました。

　　① は　　　　② に　　　③ と　　　④ お

2) お荷物(にもつ)(　　　　　)こちらにおいておきます。

　　① は　　　　② まで　　③ の　　　④ が

3) どうぞこちら(　　　　　)。

　　① ので　　　② へ　　　③ など　　④ ながら

03 보기와 같이 써 보세요.

보기	重(おも)い → 重くありませんか。

1) 高(たか)い　　　　　→　...

2) 軽(かる)い　　　　　→　...

3) 広(ひろ)い　　　　　→　...

04 자연스러운 문장이 되도록 순서를 바꿔 보세요.

1) こちらで / は / ございます / エレベーター

....

2) 初めて / 韓国 / で / は / いらっしゃいますか / に

....

3) に / お荷物 / こちら / おいて / おきます / は

....

05 다음 문장을 일본어로 써 보세요.

1) 어서 오십시오.

....

2) 엘리베이터는 이쪽입니다.

....

3) 짐은 여기에 놓겠습니다.

....

06 다음 문장을 읽고 질문에 ◯, ×로 대답하세요.

A : 重くありませんか。

B : いいえ、大丈夫です。韓国には初めてでいらっしゃいますか。

A : いいえ、韓国にはこれで二度目です。

B : そうですか。お客様、八階に着きました。どうぞこちらへ。

1) A는 한국이 세 번째이다.　(　　　)

2) 고객의 객실은 9층이다.　(　　　)

<그랜드 인터컨티넨탈 서울 파르나스>

출처 : https://www.theparnas.com/business/business.asp#section1

「お」가 붙는 단어

　「お」는 보통 존경이나 미화를 위해 단어 앞에 의미 없이 붙이는 접두사이다.
　따라서 「お」를 떼어도 같은 뜻의 말이 된다. 그러나 단어에 따라서는 「お」가 있느냐, 없느냐에 따라 전혀 다른 뜻이 되기도 한다.

1. 존경의 의미
　상대를 높이기 위해 사용한다. 자신에게 사용할 수 없다.

お名前(なまえ) : 성함	お時間(じかん) : 시간
お電話(でんわ) : 전화	お相手(あいて) : 상대

2. 미화의 의미
　주로 여성들이 많이 쓰며 남성들은 「お」를 떼고 쓰기도 한다. 존경의 의미보다는 습관적으로 사용하는 경우가 많은데 자기 쪽을 가리킬 때도 사용할 수 있다.

お酒(さけ) : 술	お水(みず) : 물
お皿(さら) : 접시	お弁当(べんとう) : 도시락

3. 「お」를 붙여야만 되는 단어
　1) おめでとう
　　　〈축하합니다〉라는 뜻. 〈경사스럽다〉라는 뜻의 「めでたい」 앞에 「お」가 붙어서 된 합성어이다.
　2) お使(つか)い
　　　〈심부름〉이라는 뜻. 정확히 말하면 가까운 곳에 가는 심부름을 의미하며 「使(つか)う」라는 동사에서 파생한 명사이다.
　3) お守(まも)り
　　　〈부적〉이라는 뜻. 「守(まも)る」의 명사형인 「守(まも)り」 앞에 「お」를 붙인 표현이다.
　　　「お」를 떼면 〈지킴이〉라는 명사 혹은 〈수비〉라는 뜻

일본의 연중행사

一月 一日	(1월 1일)	元旦(정월 초하루)
一月 第二 月曜日	(1월 제2 월요일)	成人の日(성인의 날)
二月 十一日	(2월 11일)	建国記念の日(건국기념일)
三月 二十一日	(3월 21일)	春分の日(춘분)
四月 二十九日	(4월 29일)	みどりの日(고 쇼와왕의 생일)
五月 三日	(5월 3일)	憲法記念日(헌법기념일)
五月 四日	(5월 4일)	国民の祝日(국민 휴일)
五月 五日	(5월 5일)	こどもの日(어린이 날)
七月 二十日	(7월 20일)	海の日(바다의 날)
九月 十五日	(9월 15일)	敬老の日(경로의 날)
九月 二十三日	(9월 23일)	秋分の日(추분)
十月 第二 月曜日	(10월 제2 월요일)	体育の日(체육의 날)
十一月 三日	(11월 3일)	文化の日(문화의 날)
十一月 二十三日	(11월 23일)	勤労感謝の日(근로감사의 날)
十二月 二十三日	(12월 23일)	天皇誕生日(일본국왕 탄생일)

第 8 課

非常口はこちらとこちらの
二ヵ所です。

非常口はこちらとこちらの二ヵ所です。

職員 ： こちらがトイレでございます。

エアコンのスイッチはこちらです。

客 ： はい。

職員 ： ドアは自動ロックですので、

お部屋を出る時は鍵をお持ちになって下さい。

客 ： はい。

職員 ： そして、封筒や便箋などは机の引き出しにご用意して

おります。

〈地図を指して〉

非常口はこちらとこちらの二ヵ所です。

客 ： はい． レストランは何時までですか。

職員 ： 午後十時までです。

館内の営業時間はこちらに書いてあります。

それでは失礼致します。

客 ： あ， これ、少ないけれど (チップです)。

職員 ： サービス料をいただいておりますので。

客 ： いや、どうぞ。

職員 ： せっかくですが、 けっこうでございます。

ご用の際にはお呼び下さい。

- 客室(きゃくしつ) : 객실
- エアコン : 에어컨(air-conditioner)
  エアコンディショナ―의 준말
- ドア : 도어(door), 문
- ロック : 로크(lock), 잠금
- 時(とき) : 때
- 持(も)つ : 가지다, 취하다
- 便箋(びんせん) : 편지지
- 机(つくえ) : 책상
- 用意(ようい) : 준비
- 指(さ)す : 가리키다
- 二(に)ヵ所(しょ) : 두 곳, 두 군데
- 何時(なんじ) : 몇 시
- 館内(かんない) : 관내, 호텔 내
- 書(か)く : 쓰다
- 失礼(しつれい) : 실례
- サービス料(りょう) : 서비스료, 봉사료
- いただく : 받다
- 用(よう) : 용무
- 呼(よ)ぶ : 부르다

- トイレ : トイレット(toilet)의 준말
  화장실
- スイッチ : 스위치(switch)
- 自動(じどう) : 자동
- 出(で)る : 나오다
- 鍵(かぎ) : 키, 열쇠
- 封筒(ふうとう) : 봉투
- など : 등
- 引(ひ)き出(だ)し : 서랍
- 地図(ちず) : 지도
- 非常口(ひじょうくち) : 비상구
- レストラン : 레스토랑(restaurant)
- 午後(ごご) : 오후
  ↔午前(ごぜん)오전
- 営業時間(えいぎょうじかん) :
  영업시간
- 少(すく)ない :적다
  ↔多(おお)い 많다
- せっかく : 모처럼
- 際(さい) : 때, 즈음

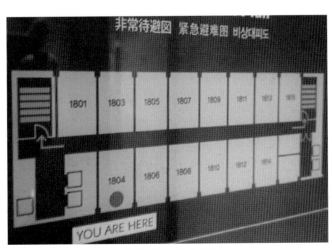

<객실 내 비상대피도>

비상구는 이쪽과 이쪽, 두 군데 입니다.

직원　: 여기가 화장실입니다.

　　　　에어컨의 스위치는 이쪽에 있습니다.

손님　: 예.

직원　: 문은 자동으로 잠구어지기 때문에

　　　　나오실 때는 열쇠를 지참하시기 바랍니다.

손님　: 네

직원　: 그리고 봉투랑 편지지 등은 책상의 서랍에 준비되어

　　　　있습니다.

　　　　〈지도를 가리키며〉

　　　　비상구는 이쪽과 이쪽, 두 군데 입니다.

손님　: 예, 레스토랑은 몇 시까지 합니까?

직원　: 오후 10까지입니다.

　　　　관내 영업시간은 이쪽에 적혀 있습니다.

　　　　그럼 실례하겠습니다.

손님　: 아, 이거 적지만...(팁입니다)

직원　: 서비스료를 받고 있기 때문에 괜찮습니다.

손님　: 아니, 그래도 받으세요.

직원　: 모처럼 주시는 것입니다만, 괜찮습니다.

　　　　용무가 있으시면, 불러 주십시오.

1. 鍵(かぎ)をお持(も)ちになってください。

「持(も)ちます(갖겠습니다)」의 존경어 「~てください」의 문형이 이어진 표현.
「お + 동사 연용형 + になる」의 문형(상대방을 높여주는 존경표현)
[例(たと)えば]
持(も)つ   →   お持(も)ちになる
書(か)く   →   お書(か)きになる(쓰신다)

2. こちらに書(か)いてあります。

타동사의 경우는 「~てある」의 문형으로 하여 〈상태〉의 표현을 만드는데,
여기서는 「書(か)く」가 〈상태〉의 표현이 되어 「쓰여 있습니다.」의 뜻을 나
타내고 있다.
[例(たと)えば]
予約(よやく)はしてありますか。(예약은 되어 있습니까?)
掃除(そうじ)がしてあります。   (청소는 되어 있습니다)

3. これ、少(すく)ないけれど(チップです)。

「~けれど」는 「~けれども(…지만)」의 준말이며, 좀 더 줄여서 「~けど」라
고도 한다.

4. せっかくですが、けっこうでございます。

「けっこう」는 「けっこうです」의 문형으로 「좋습니다, 충분합니다.」의 뜻.
여기서는 「です」대신 더욱 공손한 표현인 「でございます」를 사용.

5. ご用(よう)の際(さい)にはお呼(よ)びください。

「ご用(よう)」는 「用事(ようじ)」의 공손한 표현이고, 「際(さい)」는 〈때〉를
나타내 주는 「時(とき)」의 공손한 말.
「お呼(よ)び下(くだ)さい」는「呼(よ)ぶ(부르다)」가 「お ~ 下(くだ)さい」문형
으로 된 것이다.

[例(たと)えば]
お書(か)き下(くだ)さい。(써 주십시오.)
お待(ま)ち下(くだ)さい。(기다려 주십시오.)

회사의 직급을 일본어로...

会長(かいちょう)	회장	代表(だいひょう)	대표
社長(しゃちょう)	사장	取締役(とりしまりやく)	중역
副社長(ふしゃちょう)	부사장	理事(りじ)	이사
部長(ぶちょう)	부장	専務(せんむ)	전무
次長(じちょう)	차장	常務(じょうむ)	상무
課長(かちょう)	과장	総務(そうむ)	총무
係長(かかりちょう)	계장	監査(かんさ)	감사
局長(きょくちょう)	국장	幹事(かんじ)	간사
室長(しつちょう)	실장	主事(しゅじ)	주사
所長(しょちょう)	소장	代理(だいり)	대리
会社員(かいしゃいん)	회사원	責任者(せきにんしゃ)	책임자
事務員(じむいん)	사무원	上役(うわやく)	상관
職員(しょくいん)	직원	部下(ぶか)	부하
公務員(こうむいん)	공무원	担当(たんとう)	담당
係員(かかりいん)	계원	秘書(ひしょ)	비서
店長(てんちょう)	점장	主任(しゅにん)	주임
支配人(しはいにん)	지배인	従業員(じゅうぎょういん)	종업원
総支配人(そうしはいにん)	총지배인		

01 다음 한자 읽기를 히라가나로 쓰고 뜻도 써 보세요.

1) 時　　　　　　　(　　　　　　　)(　　　　　　　)

2) 机　　　　　　　(　　　　　　　)(　　　　　　　)

3) 自動　　　　　　(　　　　　　　)(　　　　　　　)

4) 地図　　　　　　(　　　　　　　)(　　　　　　　)

5) 営業時間　　　　(　　　　　　　)(　　　　　　　)

02 다음 (　　　)에 알맞은 것을 고르세요.

1) 封筒や便箋(　　　　　)は机の引き出しにご用意しております。

　　① など　　　② ながら　　③ ので　　　④ お

2) 非常口はこちら(　　　　　)こちらの二カ所です。

　　① は　　　　② まで　　　③ の　　　　④ と

3) 館内の営業時間はこちら(　　　　　)書いてあります。

　　① ので　　　② お　　　　③ など　　　④ に

03 보기와 같이 써 보세요.

보기	持(も)つ　→　お持(も)ちになる

1) 歩(ある)く　　　→　...

2) 話(はな)す　　　→　...

3) 読(よ)む　　　　→　...

04 자연스러운 문장이 되도록 순서를 바꿔 보세요.

1) です / こちら / 二カ所 / の / こちら / は / 非常口 / と

    ....

2) あります / こちら / 書いて / に / 営業時間 / は / の / 館内

    ....

3) 呼び / 際には / お / 下さい / の / ご用

    ....

05 다음 문장을 일본어로 써 보세요.

1) 에어컨의 스위치는 이쪽에 있습니다.

    ....

2) 비상구는 이쪽과 이쪽, 두 군데 입니다.

    ....

3) 용무가 있으시면, 불러 주십시오.

    ....

06 다음 문장을 읽고 질문에 ◯, ×로 대답하세요.

A : レストランは何時までですか。

B : 午後十時までです。

　　館内の営業時間はこちらに書いてあります。

　　それでは失礼致します。

---

1) 레스토랑 영업은 오전 10시까지 한다.　　(　　　　)

2) 관내 영업시간은 적혀있지 않다.　　　　(　　　　)

〈인터컨티넨탈서울코엑스호텔〉

출처 : https://www.theparnas.com/business/business.asp#section2

第９課

このホテルのレストランは
何階_{なんがい}にありますか。

このホテルのレストランは何階にありますか。

客 ： あのう、このホテルのレストランは何階にありますか。

職員：いろいろなレストランがありますが。

客 ： バイキングもありますか。

職員：十八階にございます。

客 ： ほかにはどんな付帯施設がありますか。

職員：和食レストランと中華レストランが 地下 一階, 韓国料理の
　　　レストランが二階, コーヒーショップが 一階, クラブとバーが
　　　地下二階にございます。

客 ： ああ、どうもありがとう。

職員：詳しくは、こちらのホテルのご案内をご覧下さい。

- 付帯施設(ふたいしせつ) : 부대시설
- ホテル : 호텔(hotel)
- 何階(なんかい) : 몇 층
- ビュッフェ : 뷔페(buffet)
- 和食(わしょく) : 화식, 일식
- 地下(ちか) : 지하
- コーヒーショプ : 커피숍(coffee shop)
- クラブ : 클럽(club)
- 詳(くわ)しい : 자세하다

- 案内(あんない) : 안내
- レストラン : 레스토랑(restaurant)
- いろいろ : 여러 가지
- 十八階(じゅうはっかい) : 18층
- 中華(ちゅうか) : 중국식
- 韓国料理(かんこくりょうり) : 한국요리
- バー : 바(bar)

이 호텔의 레스토랑은 몇 층에 있습니까?

손님 : 저 이 호텔의 레스토랑은 몇 층에 있습니까?

직원 : 여러 가지 레스토랑이 있습니다만.

손님 : 뷔페 레스토랑도 있습니까?

직원 : 18층에 있습니다.

손님 : 그 밖에는 어떤 부대시설이 있습니까?

직원 : 일본식 레스토랑과 중화식 레스토랑이 지하 1층, 한국식

레스토랑이 2층, 커피숍이 1층, 클럽과 바가

지하 2층에 있습니다.

손님 : 아, 고마워요.

직원 : 자세한 것은 여기 있는 호텔 안내도를 봐 주십시오.

출처 : https://seoul.intercontinental.com/iccoex/restaurant/SkyLounge

1. バイキングもありますか。

일본에서는 뷔페(ビュッフェ)라는 표현보다는 バイキング(Viking)라는 표현을 일상적으로 사용한다.

2. ほかにはどんな付帯施設がありますか。

「～ほか」는 한자「外, 他」를 쓰며, 「…밖에, …이 외에」의 뜻을 나타내는데, 문장 처음에 「ほかに～(그밖에)」라고 사용하기도 한다.

3. 和食レストランと

일본의 전통적인 식사를 「和食(わしょく)」라고 한다. 우리나라에서는 '일본'이라는 국가명을 따서 흔히 「日食」이라고 하나, 일본인 스스로는 「和食(わしょく)」라는 말로 이른다.

이는 일본열도에 생긴 최초의 고대 국가를 「大和(やまと)」라 부른 것에서 기인한다. 즉, 「大和」라는 한자어의 「和」라는 부분을 따온 것이다.

4. ご案内をご覧ください。

「ご覧(らん)」은 「ご覧(らん)に なる」의 표현으로 「見(み)る」의 존경어이다. 「ご覧(らん)ください」의 형으로 「見(み)てください(보십시오)」의 존경어가 된다.

<경어표현 변환>

기본형	존경어
する(하다)	なさる
いる(있다)	いらっしゃる
言(い)う(말하다)	おっしゃる
見(み)る(보다)	ご覧(らん)になる
聞(き)く(듣다)	お聞(き)きになる

01 다음 한자 읽기를 히라가나로 쓰고 뜻도 써 보세요.

1) 付帯施設　　　　　(　　　　　　　)(　　　　　　　)
2) 和食　　　　　　　(　　　　　　　)(　　　　　　　)
3) 地下　　　　　　　(　　　　　　　)(　　　　　　　)
4) 中華　　　　　　　(　　　　　　　)(　　　　　　　)
5) 韓国料理　　　　　(　　　　　　　)(　　　　　　　)

02 다음 (　　　)에 알맞은 것을 고르세요.

1) このホテルのレストランは何階(なんがい)(　　　　　)ありますか。

　　① など　　② に　　　③ ので　　④ お

2) ほかに(　　　　)とんな付帯施設(ふたいしせつ)がありますか。

　　① は　　　② まで　　③ の　　　④ と

3) 地下二階(ちかにかい)(　　　　)ございます。

　　① ので　　② お　　　③ など　　④ に

03 보기와 같이 써 보세요.

보기	見(み)る　→　ご覧(らん)になる

1) する　　　　　→　..

2) いる　　　　　→　..

3) 言(い)う　　　→　..

04 자연스러운 문장이 되도록 순서를 바꿔 보세요.

1) ありますか / どんな / 付帯施設が / ほかには

    ....

2) ご覧下さい / ホテルの / こちらの / ご案内を

    ....

3) ありますか / 何階に / レストランは / ホテルの / この

    ....

05 다음 문장을 일본어로 써 보세요.

1) 여러 가지 레스토랑이 있습니다만.

    ....

2) 18층에 있습니다.

    ....

3) 자세한 것은 여기 있는 호텔 안내도를 봐 주십시오.

    ....

06 다음 문장을 읽고 질문에 ○, ×로 대답하세요.

A : バイキングもありますか。
B : 十八階にございます。
A : ほかにはどんな付帯施設がありますか。
B : 和食レストランと中華レストランが 地下 一階, 韓国料理のレストランが
二階, コーヒーショップが 一階, クラブとバーが地下二階にございます。

1) 18층에 일본식 레스토랑이 있다.　　(　　　)
2) 2층에 한국식 레스토랑이 있다.　　(　　　)

<플라자호텔서울>

출처 : http://www.mediapen.com/news/view/432185

경어(敬語)

존대말을 일본어로는 경어 敬語(けいご)라고 하는데 「존경어, 정중어, 겸양어」가 있다.

1. **존경어** : 상대방을 높이는 말이다. 「밥」을 「진지」라 하거나 「먹다」 대신 「드시다, 잡수시다」 등 우리말의 높임말과 똑같다.
   (예) 가시다, 오시다, 하시다, 말씀하시다, 돌아가시다 등

行(い)く(가다) 来(く)る(오다) いる(있다)	→ いらっしゃる (가시다, 오시다, 계시다)
食(た)べる(먹다) 飲(の)む(마시다)	→ 召(め)し上(あ)がる (드시다)
する(하다)	→ なさる(하시다)
言(い)う(말하다)	→ おっしゃる(말씀하시다)
見(み)る(보다)	→ ごらんになる(보시다)

2. **정중어** : 「~입니다」「~합니다」즉 「~です」「~ます」투의 말을 정중어라 한다.
   (예) 行(い)きます。(갑니다)
   本(ほん)です。(책입니다) / 本(ほん)でございます。(책이옵니다)

3. **겸양어** : 나를 낮추어 상대를 높이는 말이다.
   우리말 겸양어는 「저」「저희」「여쭙다」등이 있다. 각각 「나」「우리」「말하다, 묻다」의 낮춤말 형태이다.
   존경어인지 겸양어인지 확실치 않을 때엔, 옛날 임금님이 어떻게 말했겠나 생각해보면 쉽다. 「말씀 좀 여쭙겠습니다.」설마 임금님이 이렇게 말하지는 않았겠죠? 「말씀」「여쭙다」는 그래서 둘 다 겸양어이다. 그래서 겸양어는 「높은 분」은 쓰지 않는 「아랫분들」만의 말투인 것을 알 수 있다.

言(い)う(말하다)	→ もうしあげる(말씀드리다)
行(い)く(가다) 来(く)る(오다)	→ まいる (오다, 가다)
する(하다)	→ いたす(하옵다)
あげる(주다)	→ さしあげる(드리다)
もらう(받다)	→ いただく(받잡다)

第10課

私が予約席まで
ご案内致します。

私が予約席までご案内致します。

職員 ： いらっしゃいませ。

　　　予約されましたか。

客　　： はい、さっき部屋から電話で予約した田中です。

職員 ： あっ、田中様、お待ちしておりました。

　　　お二人様でございますね。

客　　： ええ、そうです。

職員 ： では、私が予約席までご案内致します。

　　　こちらへどうぞ。

- 洋食堂(ようしょくどう) : 양식당
- される : 「する」의 높임말>하시다.
  「する」의 未然形「さ」+助動詞「れる」
- 待(ま)つ : 기다리다
- 二人(ふたり) : 두 사람
- 私(わたし) : 나, 저
- 予約席(よやくせき) : 예약석
- 致(いた)す :〈「ある」의 겸사말〉
  하다

- 予約(よやく) : 예약
- さっき : 아까, 조금 전
- 部屋(へや) : 방
- 電話(でんわ) : 전화
- 居(お)る : (사람이)존재하다, 있다
- ござる :〈「ある」의 공손한 표현〉
  있습니다 = ございます
- ～まで : ～까지

제가 예약석까지 안내해드리겠습니다.

직원 : 어서 오십시오.

예약하셨습니까?

손님 : 네, 조금 전 방에서 전화로 예약한 다나카입니다.

직원 : 앗, 다나카님. 기다리고 있었습니다.

두 분이시지요.

손님 : 네, 그렇습니다.

직원 : 그러면, 제가 예약석까지 안내해드리겠습니다.

이쪽으로 오십시오.

<예약석 안내>
출처 : https://blog.naver.com/01033569423/221334312467

1. いらっしゃいませ。

「いらっしゃいます(いる・いく・くるの 존경어)」의 명령형으로, 호텔・백화점 등에서 손님에게 사용하는 「어서 오십시오.」에 해당

2. 予約されましたか。

「~か」는 문장 끝에 붙어 의문문을 만든다. 일본어에서는 의문문의 의문부호 「?」는 붙이지 않는 것이 일반적이다.

3. お待ちしておりました。

「待(ま)つ (기다리다)」의 <u>겸양어 표현</u>인 「お+동사의 연용형+する」의 「~て」형에 「いる」의 겸양어 「おる」가 이어진 표현.
「~ておる」는 「~ている」의 겸손한 표현.
私(わたし)が<u>お持(も)ちします</u>。(제가 들겠습니다. 제가 들어 드리겠습니다.)

4. 私が予約席までご案内致します。

「私(わたし)」는 자신을 지칭할 때 쓰는 가장 보편적인 1인칭 대명사. 격식을 차려 말할 때는「私(わたくし)」라고 한다.

《인칭 대명사》

1인칭	わた(く)し	나, 저	ぼく	나	おれ	나
2인칭	あなた	당신	きみ	자네	おまえ	너

「きみ, おまえ, ぼく, おれ」는 막연한 사이거나 손아랫사람에게 쓰이는 남성어 이다. 「あなた」는 2인칭 대명사이지만, 실생활에서 상대방을 지칭할 때는 상대의 직함이나 이름을 말하는 것이 보통이다.

01 다음 한자 읽기를 히라가나로 쓰고 뜻도 써 보세요.

1) 洋食堂 (　　　　　　)(　　　　　　)

2) 予約席 (　　　　　　)(　　　　　　)

3) 二人 (　　　　　　)(　　　　　　)

4) 私 (　　　　　　)(　　　　　　)

5) 部屋 (　　　　　　)(　　　　　　)

02 다음 (　　　)에 알맞은 것을 고르세요.

1) さっき部屋(へや)(　　　　　)電話(でんわ)で予約(よやく)した田中(たなか)です。

　① など　　② から　　③ ので　　④ お

2) (　　　　　)二人様(ふたりさま)でございますね。

　① は　　② お　　③ ご　　④ と

3) 私(わたし)が予約席(よやくせき)(　　　　　)ご案内致(あんないいた)します。

　① ので　　② まで　　③ など　　④ に

03 보기와 같이 써 보세요.

보기	持(も)つ　→　お持(も)ちします。

1) 書(か)く　　→　...

2) 話(はな)す　→　...

3) 読(よ)む　　→　...

04 자연스러운 문장이 되도록 순서를 바꿔 보세요.

1) 部屋から / さっき / 田中です / 予約した / 電話で

....

2) おりました / お / して / 待ち

....

3) ご案内致 / 予約席まで / します / 私が

....

05 다음 문장을 일본어로 써 보세요.

1) 기다리고 있었습니다.

....

2) 제가 예약석까지 안내해드리겠습니다.

....

3) 이쪽으로 오십시오.

....

06 다음 문장을 읽고 질문에 ○, ×로 대답하세요.

> A：予約されましたか。
>
> B：はい、さっき部屋から電話で予約した田中です。
>
> A：あっ、田中様、お待ちしておりました。お二人様でございますね。
>
> B：ええ、そうです。

1) B는 오전에 방에서 전화로 예약하였다.　　（　　　）

2) 예약한 손님은 두 사람이다.　　　　　　　（　　　）

<웨스틴조선호텔서울>
출처 : https://blog.naver.com/arafatare/221406692650

接客8大用語(서비스 8대 용어)

일본에는 점원이 반드시 숙지하고 있어야 할 '서비스 8대 용어'가 있다.

① いらっしゃいませ。(어서 오십시오.)
　가게에 온 손님에 대한 감사 인사

② はい、かしこまりました。(예, 알겠습니다.)
　손님의 의뢰에 대한 대답

③ 少々お待ちくださいませ。

　(잠시만 기다려주십시오.)
　손님을 기다리게 할 때 사용

④ お待たせ致しました。(오래 기다리셨습니다.)

　기다리고 있던 손님을 배려하는 말

⑤ ありがとうございます。(감사합니다.)
　감사의 인사

⑥ 申し訳ございません。(죄송합니다.)

　사죄의 뜻을 전달

⑦ 恐れ入ります。(죄송합니다.)

　송구스러운 마음을 나타냄

⑧ 失礼致します。(실례합니다.)

　손님의 행동을 방해하거나 동작을 재촉할 때

　이렇게 작은 것부터 손님을 위하는 마음가짐이 오늘날 세계적인 서비스왕국, 일본을 만들어낸 것은 아닐까?

第11課

何
なに
をお召
め
しあがりになりますか。

何をお召しあがりになりますか。

職員 ： いらっしゃいませ。何をお召しあがりになりますか。

客 1 ： えーと、メニューを見せて下さい。

職員 ： はい、どうぞ。

客 1 ： フルコースでお願いします。

職員 ： かしこまりました。オードブルは何になさいますか。

客 1 ： 私はキャビアに します。中村さんは。

客 2 ： 私はエスカルゴにします。

職員 ： キャビアとエスカルゴでございますね。かしこまりました。

　　　　スープは何がよろしいでしょうか。

客 1 ： オニオンスープをお願いします。

職員 ： こちらのお客様は。

客 2 ： 私もそれにします。

職員 ： お二人様ともオニオンスープでございますね。

　　　　次は魚料理でございますが。

客 1 ： ひらめのムニエルをお願いします。

客 2 ： 私もそれにします。

職員 ： ステーキの焼き方はどういたしましょうか。

客 1 ： 私はミディアムでお願いします。

　　　　中村さんはどうしますか。

客 2 ： ウエルーダンにします。

職員 ： かしこまりました。ミディアムとウエル-ダンでございますね。

それから、ワインは何がよろしいでしょうか。

客1 ： そうですね。

1988年のフランスのボルド-産ワインがありますか。

職員 ： はい、ございます。

客1 ： それ、もらいましょう。

職員 ： はい、かしこまりました。

サラダは何になさいますか。

客1 ： フル-ツサラダでお願いします。

客2 ： 私もそれにして下さい。

職員 ： かしこまりました。ドレッシングは何になさいますか。

客1 ： フレンチドレッシングを下さい。

客2 ： 私もフレンチドレッシングにします。

職員 ： お二人様ともフル-ツサラダとフレンチドレッシングで

ございますね。

ありがとうございます。 少々お待ち下さい。

- いらっしゃる : 오시다/가시다/계시다
- 召(め)し上(あ)がる : 「飲(の)む, 食(た)
  べる」의 높임말
  (음식을)드시다, 잡수시다
- オードブル : 전채요리(Appetizer :
  Hors d'oeuvre)
- エスカルゴ : 에스카르고(escargot),
  식용달팽이
- 次(つぎ) : 다음
- 魚料理(さかなりょうり) : 생선요리
- ムニエル : 뫼니에르(프 meunière) 생
  선에 소금, 후추를 뿌리고 밀가루를 입
  혀서 버터로 구운 요리
- ウエル-ダン : 웰던(well-done), 속까
  지 잘 익힌 것
- フランス : 프랑스(France)
- サラダ : 샐러드(salad)
- フルーツ サラダ : 과일 샐러드
  (fruit salad)
- 二人(ふたり) : 두 사람
- ござる : 〈「ある」의 공손한 표현〉
  있습니다 = ございます

- 何(なに) : 무엇
- メニュー : 메뉴(menu)
- 見(み)せる : 보이다, 내보이다
- フル コース : 풀코스(full course)
- キャビア : 캐비아(caviar), 철갑상어의
  알젓
- スープ : 수프(soup)
- オニオン スープ : 양파 수프(onion
  soup)
- ひらめ : 광어, 넙치
- ステーキ : 스테이크(steak)
- 焼(や)き方(かた) : 굽는 법
- ミディアム : 미디엄(medium), 중간정
  도 굽기
- ワイン : 와인(wine), 포도주
- ボルドー : 보르도(Bordeaux), 프랑스
  의 보르도지방에서 나는 포도주
- ドレッシング : 드레싱(dressing)
- フレンチ ドレッシング : 프렌치드레싱
  (French dressing)
- 待(ま)つ : 기다리다

무엇을 드시겠습니까?

직원 : 어서 오십시오. 무엇을 드시겠습니까?

손님1 : 메뉴 좀 보여 주십시오.

직원 : 네, 여기 있습니다.

손님1 : 풀 코스로 부탁합니다.

직원 : 알겠습니다. 오되브르는 무엇으로 하시겠습니까?

손님1 : 저는 캐비어로 하겠습니다. 나카무라씨는.

손님2 : 저는 에스카르고로 하겠습니다.

직원 : 캐비어와 에스카르고이시군요. 알겠습니다.

　　　　수프는 무엇으로 하시겠습니까?

손님1 : 양파 수프로 하겠습니다.

직원 : 이쪽 손님은 무엇으로 하시겠습니까?

손님2 : 나도 그것으로 하겠습니다.

직원 : 두 분 모두 양파수프이군요.

　　　　다음은 생선요리입니다만...

손님1 : 광어 뫼니에르를 부탁합니다.

손님2 : 나도 그것으로 하겠습니다.

직원 : 스테이크의 굽기 정도는 어떻게 해 드릴까요?

손님1 : 저는 미디엄으로 원합니다.

　　　　나카무라씨는 어떻게 하시겠습니까?

손님2 : 웰던으로 하겠습니다.

직원 : **알겠습니다. 미디엄과 웰던이시군요.**

그리고 와인은 무엇이 좋으신지요.

손님1 : 글쎄요.

1988년의 프랑스의 보르도산 와인이 있습니까?

직원 : **예, 있습니다.**

손님1 : 그것, 주세요.

직원 : **예, 알겠습니다.**

샐러드는 무엇으로 하시겠습니까?

손님1 : 과일 샐러드로 부탁합니다.

손님2 : 저도 그것으로 해주세요.

직원 : **알겠습니다. 드레싱은 무엇으로 하시겠습니까?**

손님1 : 프렌치드레싱을 주세요.

손님2 : 저도 프렌치드레싱으로 하겠습니다.

직원 : **두 분 모두 과일샐러드와 프렌치드레싱**

이군요.

감사합니다. 잠시만 기다려 주십시오.

출처 : https://blog.naver.com/wlgnslslsl/220618275938

1. フルコ-スでお願いします。

「フル コ-ス(full course)」는 일정한 순서로 짜여 진 식단. 서양 요리에서는 전채, 수프, 생선 요리, 고기 요리, 샐러드, 디저트, 과일, 커피의 차례가 표준이다.

2. ス-プは何がよろしいでしょうか。

「よろしい」는 「いい」의 공손한 표현. 「~ですか」보다는 「~でしょうか」로 묻는 편이 묻는 입장에서 조심성이 있다.

3. こちらのお客様は。

「こちら」는 「방향」을 나타내는 「こそあど」용법의 하나

こちら	そちら	あちら	どちら
이쪽	그쪽	저쪽	어느 쪽

4. ステ-キの焼き方はどういたしましょうか。

「焼(や)き方(かた)」는 「ます형 + 方(かた)」형태 「~하는 법」으로 「굽는 방법」의 뜻.
食(た)べ方(かた) - (먹는 법)   読(よ)み方(かた) - (읽는 법)

5. 少々お待ち下さい。

「少々(しょうしょう)」는 「잠시, 잠깐 동안」의 뜻으로 「ちょっと」보다는 다소 공손한 느낌을 준다.
「お待(ま)ち下(くだ)さい」는 「お+동사 연용형+ください」의 문형

01 다음 한자 읽기를 히라가나로 쓰고 뜻도 써 보세요.

1) 魚料理 ( )( )

2) 次 ( )( )

3) 何 ( )( )

4) 二人 ( )( )

5) 一方 ( )( )

02 다음 ( )에 알맞은 것을 고르세요.

1) メニュー( )見せて下さい。

① を ② から ③ ので ④ お

2) 私もそれ( )します。

① は ② お ③ に ④ と

3) 1988年( )フランスのボルドー産ワインが ありますか。

① の ② まで ③ など ④ に

03 보기와 같이 써 보세요.

보기	焼(や)く → 焼(や)き方(かた)

1) 使(つか)う → ....

2) 食(た)べる → ....

3) 読(よ)む → ....

04 자연스러운 문장이 되도록 순서를 바꿔 보세요.

1) ございますね / とも / で / お二人様 / オニオンスープ

　　...

2) どう / ステーキの / いたしましょうか / 焼き方は

　　...

3) 何に / ドレッシングは / なさいますか

　　...

05 다음 문장을 일본어로 써 보세요.

1) 메뉴 좀 보여 주십시오.

　　...

2) 수프는 무엇으로 하시겠습니까?

　　...

3) 저도 그것으로 해주세요.

　　...

06 다음 문장을 읽고 질문에 ○, ×로 대답하세요.

A : ステーキの焼き方はどういたしましょうか。

B : 私はミディアムでお願いします。中村さんはどうしますか。

C : ウエルーダンにします。

A : かしこまりました。ミディアムとウエルーダンでございますね。

　　それから、ワインは何がよろしいでしょうか。

B : そうですね。1988年のフランスのボルドー産ワインがありますか。

A : はい、ございます。

1) 손님들은 모두 미디엄으로 주문하였다.　　　　　　（　　　）
2) 식당에 1988년의 프랑스의 보르도산 와인은 있다.　（　　　）

출처 : http://www.travelnbike.com/news/articleView.html?idxno=50345

第12課

デザ-トは何(なに)になさいますか。

デザートは何になさいますか。

職員 ： お下げしてもよろしいでしょうか。

客1 ： はい、どうぞ。

職員 ： デザートは何になさいますか。

客1 ： 何か冷たいものが食べたいんですが。

職員 ： アイスクリームとシャーベットとどちらがお好みでございますか。

客1 ： 中村さん、 デザートはシャーベットにしましょう。

客2 ： ええ、そうしましょう。

職員 ： デザートはシャーベットお二つでございますね。

客1 ： ええ、そうです。

職員 ： 只今用意致しますので、 少々お待ち下さいませ。

- 下(さ)げる : 치우다
- どうぞ : 아무쪼록, 제발, 부디
- デザ-ト : 디저트(dessert)
- 冷(つめ)たい : 차다, 차갑다
- アイスクリ-ム : 아이스크림
  (Ice cream)
- ござる : 〈「ある」의 공손한 표현〉
  있습니다 = ございます
- 用意(ようい) : 준비
- 少々(しょうしょう) : 조금, 잠깐
- 待(ま)つ : 기다리다

- よろしい : 〈「良(よ)い」의
  공손한 표현〉좋다, 괜찮다
- なさる : 〈する의 높임말〉하시다
- 食(た)べる : 먹다 : 먹다
- シャ-ベット : 셔벳(sherbet)
- 好(この)む : 좋아하다
- 二(ふた)つ : 둘, 두개
- 只今(ただいま) : 지금, 곧
- 致(いた)す : 〈「ある」의 겸사말〉
  하다

디저트는 무엇으로 하시겠습니까?

직원 : 치워도 좋습니까?

손님1 : 예, 좋아요.

직원 : 디저트는 무엇으로 하시겠습니까?

손님1 : 무엇인가 차가운 것을 먹고 싶습니다만.

직원 : 아이스크림과 셔벗과 어느 쪽으로 하시겠습니까?

손님1 : 나카무라씨. 디저트는 셔벗으로 합시다.

손님2 : 네, 그렇게 합시다.

직원 : 디저트는 셔벗 두개군요.

손님1 : 네, 그렇습니다.

직원 : 지금 곧 준비해 드릴 테니 조금만 기다려 주십시오.

<망고 셔벗>
출처 : https://blog.naver.com/bbo0305/221365645462

1. お下げしてもよろしいでしょうか。

「下(さ)げる(치우다, 내려놓다)」의 <u>겸양어 「お~する」의 문형</u>

겸양어를 만드는 방법은 「お＋ます형＋する」의 문형을 이용하는 것이다.

書(か)く(쓰다, 적다) → <u>お</u>書(か)き<u>する</u>
よろしければ、<u>お</u>書(か)き<u>し</u>ましょうか。(괜찮으시면, 써드릴까요?)

願(ねが)う(원하다, 부탁하다) → <u>お</u>願(ねが)い<u>する</u>
お並(なら)びにならないよう<u>お</u>願(ねが)い<u>し</u>ます。
(줄을 서시지 않도록 부탁드립니다.)

送(おく)る(보내다, 바래다주다, 데려다주다) → <u>お</u>送(おく)り<u>する</u>
空港(くうこう)からホテルまで車(くるま)で<u>お</u>送(おく)り<u>し</u>ます。
(공항에서 호텔까지 차로 모셔다 드리겠습니다.)

2. 何か冷たいものが食べたいんですが。

① 何(なに)が / 何(なに)か : 무엇이 / 무엇인가

何(なに) + が(주격조사) (무엇이)	何(なに) + か(의문조사) (무엇인가)
机(つくえ)の上(うえ)に何(なに)が ありますか。 (책상위에 무엇이 있습니까?) 本(ほん)があります。 (책이 있습니다.)	机(つくえ)の上(うえ)に何(なに)か ありますか。 (책상위에 무언가 있습니까?) はい、あります。 (예, 있습니다.) いいえ、何(なに)もありません。 (아니오, 아무것도 없습니다.)
[何(なに)が] 하고 물을 때는 어떤 장소에 무엇이 있는지를 알고 구체적인 내용을 묻는 것이며 [何(なに)か] 하고 물을 때는 존재하는지에 대한 사실을 묻는 것이다.	

② 「～たい(～하고 싶다)」에 「んですが」가 이어진 문형으로 「～たいんですが」는 「～하고 싶습니다만…」의 뜻이 되어 자신의 희망사항을 조심스럽게 표현할 때 쓴다.

3. 只今用意致しますので

「只今(ただいま)」는 「지금 곧, 바로」의 뜻이나, 「밖에서 돌아왔을 때의 인사말 "다녀왔습니다."」라는 뜻으로도 쓰인다.

4. 少々お待ち下さいませ。

「잠시(잠깐) 기다려 주십시오.」라는 뜻이나, 보다 정중하게 표현할 때는「～ませ」를 붙인다. 또한 「々」는 앞 「少」字가 반복된다는 부호이다.

01 다음 한자 읽기를 히라가나로 쓰고 뜻도 써 보세요.

1) 用意   (   )(   )

2) 少々   (   )(   )

3) 只今   (   )(   )

4) 食べる   (   )(   )

5) 冷たい   (   )(   )

02 다음 ( )에 알맞은 것을 고르세요.

1) デザートは何(なに)(   )なさいますか。

    ① を   ② から   ③ ので   ④ に

2) 何(なに)(   )冷たいものが食べたいんですが。

    ① は   ② か   ③ に   ④ と

3) 只今 用意致します(   )、 少々お待ち下さいませ。

    ① ので   ② まで   ③ など   ④ に

03 보기와 같이 써 보세요.

보기	下(さ)げる → お下(さ)げする

1) 書(か)く   →   ....

2) 願(ねが)う   →   ....

3) 送(おく)る   →   ....

04 자연스러운 문장이 되도록 순서를 바꿔 보세요.

1) もの / 食べたいんですが / 冷たい / 何か / が

....

2) どちらが / と / お好みでございますか / アイスクリーム / シャーベット / と

....

3) でございますね / シャーベット / は / デザート / お二つ

....

05 다음 문장을 일본어로 써 보세요.

1) 치워도 좋습니까?

....

2) 디저트는 무엇으로 하시겠습니까?

....

3) 지금 곧 준비해 드릴 테니 조금만 기다려 주십시오.

....

06 다음 문장을 읽고 질문에 ○, ×로 대답하세요.

> A : デザートは何になさいますか。
>
> B : 何か冷たいものが食べたいんですが。
>
> A : アイスクリームとシャーベットとどちらがお好みでございますか
>
> B : 中村さん、 デザートはシャーベットにしましょう。
>
> C : ええ、そうしましょう。

1) 디저트는 주스와 셔벗이 있다.　　　　(　　)

2) 손님들은 각각 다른 디저트를 주문한다.　(　　)

<롯데호텔서울>

출처 : https://blog.naver.com/yangjw53/220547501719

第13課

ルームサービスですか。

ルームサービスですか。

客 ：〈電話で〉もしもし、ルームサービスですか。

職員：はい、ルームサービスでございます。

客 ：408号室の田中ですが、夕食を注文したいんですが。

職員：はい、どうぞ。

客 ：サーロインステーキは 時間がどのくらい掛かりますか。

職員：三十分ほど掛かりますが。

客 ：そうですか。じゃ、サーロインステーキをお願いします。

職員：ステーキの焼き方はどう致しましょうか。

客 ：ミディアム . レアでお願いします。

職員：はい、かしこまりました。

　　　スープとサラダドレッシングはどう致しましょうか。

客 ：スプは野菜にして下さい。

　　　それから、フレンチドレッシングをお願いします。

職員：デザートは何になさいますか。

　　　デザートはアイス.クリム、ケーキ、果物などがございますが。

客 ：うん、果物にします。

職員：お飲み物は何になさいますか。

客 ：ビールを一本お願いします。

職員：はい、かしこまりました。

　　　そのほかに何かご注文はございませんでしょうか。

客 ：もう 結構です。

職員：どうもありがとうございます。

　　　三十分後にお届け致します。

客 ：じゃあ、よろしく。

- 注文(ちゅもん) : 주문
- ルーム サービス : 룸서비스
  (Room service)
- 時間(じかん) : 시간
- 掛(か)かる : 걸리다
- 焼(や)き方(かた) : 굽는 법
- ミディアム . レア :
  미디엄 레어(medium rare)
- ドレッシング : 드레싱(dressing)
- フレンチ ドレッシング : 프렌치드레싱
  (French dressing)
- ケーキ : 케이크(cake)
- 果物(くだもの) : 과일
- ビール : 맥주
- 結構(けっこう) : 충분함, 만족스러움
- 致(いた)す : 〈「ある」의 겸사말〉
  하다

- 電話(でんわ) : 전화
- 号室(ごうしつ) : 호실
- サーロイン.ステーキ : 서로인 스테이크
  (Sirloin steak)
- 願(ねが)う : 바라다, 부탁하다
- 致(いた)す : 〈「ある」의 겸사말〉
  하다
- スープ : 수프(soup)
- 野菜(やさい) : 야채
- デザート : 디저트(dessert)
- アイスクリーム : 아이스크림
  (Ice cream)
- 飲(の)み物(もの) : 음료, 마실 것
- 一本(いっぽん) : 1병
- 後(あと) : 뒤, 후
- 届(とど)ける : 보내다, 전하다

룸서비스입니까?

손님 : 〈전화〉 여보세요. 룸서비스입니까?

직원 : 네, 룸서비스입니다.

손님 : 408호실 타나카입니다만, 저녁식사를 주문하고 싶은데요.

직원 : 예, 말씀하십시오.

손님 : 설로인 스테이크는 시간이 어느 정도 걸립니까?

직원 : 30분정도 절립니다만.

손님 : 그렇습니까? 그럼, 설로인 스테이크를 부탁합니다.

직원 : 스테이크의 굽는 정도는 어떻게 해드릴까요?

손님 : 미디엄.레어로 부탁합니다.

직원 : 예, 알겠습니다.

　　　수프와 사라다 드레싱은 어떻게 해드릴까요.

손님 : 수프는 야채로 해주세요.

　　　그리고, 프렌치드레싱을 부탁합니다.

직원 : 디저트는 무엇으로 하시겠습니까?

　　　디저트는 아이스크림, 케이크, 과일 등이 있습니다.

손님 : 음, 과일로 하겠습니다.

직원 : 마실 것은 무엇으로 하시겠습니까?

손님 : 맥주 1병 부탁합니다.

직원 : 네, 알겠습니다.

　　　그밖에 뭔가 주문은 없습니까?

손님 : 이제 충분합니다.

직원 : 대단히 감사합니다.

　　　30분 후에 배달하겠습니다.

손님 : 그럼, 부탁합니다.

1. 三十分ほど掛かりますが。

《시간표현》

1시 一時 いち じ	2시 二時 に じ	3시 三時 さん じ	4시 四時 よ じ	5시 五時 ご じ
6시 六時 ろく じ	7시 七時 しち じ	8시 八時 はち じ	9시 九時 く じ	10시 十時 じゅう じ
11시 十一時 じゅういち じ	12시 十二時 じゅうに じ	몇 시 何時 なん じ		

1분 一分 いっ ぷん	2분 二分 に ふん	3분 三分 さん ぷん	4분 四分 よん ぷん	5분 五分 ご ふん
6분 六分 ろっ ぷん	7분 七分 なな ふん	8분 八分 はっ ぷん	9분 九分 きゅう ふん	10분 十分 じゅっ ぷん
20분 二十分 にじゅっ ぷん	30분 三十分 さんじゅっ ぷん	40분 四十分 よんじゅっ ぷん	50분 五十分 ごじゅっ ぷん	60분 六十分 ろくじゅっ ぷん
몇 분 何分 なん ぷん				

※「じゅっぷん」을「じっぷん」이라고도 읽는다.

2. ルームサービスでございます。

「~でございます」는 자주 쓰이는 정중어중의 하나. 「~です」를 보다 정중하게 표현할 때는 「~でございます」라고 하고, 「あります」를 보다 정중하게 표현할 때는 「ございます」라고 한다.

3. 夕食を注文したいんですが。

「~したいんですが」는 「する(하다)」에 「~たい(~하고 싶다)」가 연결되고 다시 「~んですが」가 이어진 문형이다. 동사에 「~たいんですが」가 연결되어「~하고 싶습니다만…, ~했으면 합니다만…」의 뜻이 된다.

4. デザートは何になさいますか。

「なさる」는 「する(하다)」의 존경어로 「하시다」의 뜻이며, 자신을 낮추어 표현하는 겸양어는 「いたす」이다. 「なさる」도 「~ます」가 접속될 경우에는 「なさいます」가 된다.

01 다음 한자 읽기를 히라가나로 쓰고 뜻도 써 보세요.

1) 注文　　　　　　　(　　　　　　　　)(　　　　　　　　)

2) 時間　　　　　　　(　　　　　　　　)(　　　　　　　　)

3) 果物　　　　　　　(　　　　　　　　)(　　　　　　　　)

4) 野菜　　　　　　　(　　　　　　　　)(　　　　　　　　)

5) 後　　　　　　　　(　　　　　　　　)(　　　　　　　　)

02 다음 (　　　)에 알맞은 것을 고르세요.

1) 夕食を注文し(　　　　　)んですが。

　　① を　　　　② から　　　③ ので　　　④ たい

2) スプは野菜(　　　　　)して下さい。

　　① は　　　　② か　　　　③ に　　　　④ と

3) ビール(　　　　　)一本お願いします。

　　① ので　　　② まで　　　③ を　　　　④ に

03 보기와 같이 써 보세요.

보기	三十分　→　三十分ほど掛かりますが。

1) 三分　　　　　→　...

2) 八分　　　　　→　...

3) 五十分　　　　→　...

04 자연스러운 문장이 되도록 순서를 바꿔 보세요.

1) 掛かりますか / どのくらい / サーロインステーキ / 時間が / は

....

2) 焼き方は / 致しましょうか / ステーキ / どう / の

....

3) 何か / そのほかに / ございませんでしょうか / ご注文は

....

05 다음 문장을 일본어로 써 보세요.

1) 여보세요. 룸서비스입니까?

....

2) 스테이크의 굽는 정도는 어떻게 해드릴까요?

....

3) 그밖에 뭔가 주문은 없습니까?

....

06 다음 문장을 읽고 질문에 〇, ×로 대답하세요.

A : お飲み物は何になさいますか。

B : ビールを一本お願いします。

A : はい、かしこまりました。そのほかに何かご注文はございませんでしょうか。

B : もう 結構です。

A : どうもありがとうございます。十分後にお届け致します。

1) 마실 것은 맥주 1병을 주문하였다.   (   )

2) 직원은 30분 전에 배달하겠다고 답변하였다.   (   )

<룸서비스>

출처 : https://blog.naver.com/hornet91/220616253885

第14課

ご注文の料理を
お持ち致しました。

ご注文の料理をお持ち致しました。

職員 ： 〈ベルを鳴らす〉　ルームサービスでございます。

　　　　ご注文の料理をお持ち致しました。

客 ： はい、今開けます。

職員 ： お待たせ致しました。　こちらでよろしいでしょうか。

客 ： はい。

(料理をテーブルの上に置く)

職員 ： こちらにサインをお願い致します。

客 ： はい、〈サインを　する〉...これでいいですか。

職員 ： ありがとうございます。

　　　　お客様、お手数でございますが、お食事がお済みになりましたら、

　　　　このお盆を廊下に出しておいていただけませんか。

客 ： わかりました。

職員 ： どうもありがとうございました。それでは、失礼致します。

- デリバリ- : 델리버리(delivery), 배달
- 鳴(な)らす : 울리다
- 注文(ちゅもん) : 주문
- 料理(りょうり) : 요리
- 致(いた)す : 〈「する」의 겸사말〉 하다
- 待(ま)つ : 기다리다
- テーブル : 테이블(table)
- 上(うえ) : 위
- サイン : 사인(sign)
- 手数(てすう) : 수고, 애씀, 귀찮음
- 済(す)む : 끝나다, 완료되다
- 廊下(ろうか) : 복도
- 分(わ)かる : 알다

- ベル : 벨(bell), 초인종
- ルーム サービス : 룸서비스 (Room service)
- 持(も)つ : 가지다. 취하다
- 今(いま) : 지금
- 開(あ)ける : 열다
- よろしい : 〈「良(よ)い」의 공손한 표현〉좋다, 괜찮다
- 置(お)く : 두다, 놓다
- いい : 〈「良(よ)い」보다 부드러운 표현〉좋다
- 盆(ぼん) : 쟁반
- 出(だ)す : (안에서 밖으로) 내놓다
- 失礼(しつれい) : 실례

주문하신 요리를 갖고 왔습니다.

직원 : <벨을 울리다> 룸서비스입니다.

　　　　주문하신 요리를 갖고 왔습니다.

손님 : 네, 지금 열겠습니다.

직원 : 오래 기다리셨습니다. 여기 놓아 드릴까요?

손님 : 네.

　　　　　　　(요리를 테이블에 놓는다)

직원 : 여기에 사인을 부탁드리겠습니다.

손님 : 네, 〈사인을 한다〉...이것으로 좋습니까?

직원 : 감사합니다.

　　　　손님, 수고스럽지만 식사가 끝나시면,

　　　　이 쟁반을 복도에 놓아 주실 수 있겠습니까?

손님 : 알겠습니다.

직원 : 대단히 감사합니다. 그럼 실례하겠습니다.

1. お持ち致しました。

「持(も)つ(갖다)」의 겸양어표현으로 「갖고 왔습니다.」를 공손히 말한 것이 「お + 동사 연용형 + いたす」의 문형

2. 今開けます。

「～ます」는 시제로 볼 때, 말하는 시점에서 앞으로의 일을 뜻하기도 한다. 따라서 여기서는 「지금 열겠습니다.」의 뜻

3. お待たせ致しました。

「待(ま)つ(기다리다)」의 사역동사 「待(ま)たせる(기다리게 하다)」가 겸양어 표현인 「お～いたす」문형으로, 상대방을 기다리게 했을 때 하는 인사말「많이 기다리셨습니다.」표현

4. このお盆を廊下に出しておいていただけませんか。

○ 연체사 : 명사 앞에 놓여 그 명사를 수식하는 역할을 한다.

이	그	저	어느
この	その	あの	どの
〔例(たと)えば〕			
この本(ほん)		(이 책)	
その人(ひと)		(그 사람)	
あのレストラン		(저 레스토랑)	
どの会社(かいしゃ)		(어느 회사)	

5. わかりました。

「알다, 이해하다」의 뜻으로, 어떤 설명에 대해서 「알겠습니다.」라고 할 때 쓰인다.

연습문제

01 다음 한자 읽기를 히라가나로 쓰고 뜻도 써 보세요.

1) 失礼   (   )(   )

2) 盆   (   )(   )

3) 今   (   )(   )

4) 廊下   (   )(   )

5) 手数   (   )(   )

02 다음 ( )에 알맞은 것을 고르세요.

1) こちら( )よろしいでしょうか。
① を   ② で   ③ ので   ④ たい

2) こちら( )サインをお願い致します。
① は   ② か   ③ に   ④ と

3) このお盆を廊下( )出しておいていただけませんか。
① ので   ② まで   ③ を   ④ に

03 보기와 같이 써 보세요.

보기	이 책 → この 本(ほん)

1) 그 사람 → ....

2) 저 레스토랑 → ....

3) 어느 회사 → ....

04 자연스러운 문장이 되도록 순서를 바꿔 보세요.

1) 致しました / 料理を / お持ち / ご注文の

   ....

2) に / お願い致します / サインを / こちら

   ....

3) いただけませんか / お盆を / 出しておいて / この廊下に

   ....

05 다음 문장을 일본어로 써 보세요.

1) 주문하신 요리를 갖고 왔습니다.

   ....

2) 오래 기다리셨습니다.

   ....

3) 그럼 실례하겠습니다.

   ....

06 다음 문장을 읽고 질문에 ○, ×로 대답하세요.

> A : こちらにサインをお願い致します。
>
> B : はい、〈サインを する〉…これでいいですか。
>
> A : ありがとうございます。
>   お客様、お手数でございますが、お食事がお済みになりましたら、
>   このお盆を廊下に出しておいていただけませんか。
>
> B : わかりました。

1) 직원은 사인을 부탁하며 현금을 요구하였다.　　　　(　　)

2) 식사가 끝나면 쟁반을 복도에 두도록 요구하였다.　(　　)

<룸서비스>
출처 : https://blog.naver.com/hotelleader/220008536278

第15課

お飲み物は何に
なさいますか。

お飲み物は何になさいますか。

職員 ： いらっしゃいませ。何名様でしょうか。

客 ： 二人です。

職員 ： こちらへどうぞ。　こちらのお席でよろしいでしょうか。

客 ： はい、いいです。

職員 ： お飲み物は何になさいますか。

客 ： スコッチの水割りを下さい。

職員 ： お水だけでしょうか、それとも氷もお入れしましょうか。

客 ： 氷も入れて下さい。

職員 ： かしこまりました。どの銘柄でしょうか。

客 ： そうですね。ジョウニーウォーカー.ブラックをお願いします。

職員 ： かしこまりました。お客様は。

客 ： 同じものをお願いします。

職員 ： かしこまりました。おつまみはどう致しましょうか。

客 ： ピナッツとサラダを下さい。

職員 ： かしこまりました。ありがとうございました。

　　　　少々お待ち下さい。

- バ- : 바(Bar)
- 何名様(なんめいさま) : 몇 분
- こちら : 이쪽
- 席(せき) : 자리
- 飲(の)み物(もの) : 음료, 마실 것
- 何(なに) : 무엇
- スコッチ : 스카치(Scotch),
  〈スコッチウィスキ—〉의 준말
- 水(みず) : 물
- 入(い)れる : 넣다
- ジョウニ-ウォ-カ-.ブラック :
  조니워커블랙(Johnnie Walker Black)
- サラダ : 샐러드(salad)
- 待(ま)つ : 기다리다

- いらっしゃる : 오시다/가시다/계시다
- 二人(ふたり) : 두 사람
- どうぞ : 아무쪼록, 제발, 부디
- よろしい : 〈「良(よ)い」의
  공손한 표현〉좋다, 괜찮다
- される : 「する」의 높임말>하시다
- 水割(みずわ)り : (위스키 등에)물을
  타서 묽게 함
- 氷(こおり) : 얼음
- 銘柄(めいがら) : 상품의 상표
- つまみ : 간단한 마른안주
- ピ-ナッツ : 피넛(peanut(s)), 탕콩
- 少々(しょうしょう) : 조금, 잠깐

마실 것은 무엇으로 하시겠습니까?

직원 : 어서 오십시오. 몇 분이십니까?

손님 : 두 사람입니다.

직원 : 이쪽으로 오십시오. 이 자리가 어떻습니까?

손님 : 네, 좋습니다.

직원 : 마실 것은 무엇으로 하시겠습니까?

손님 : 스카치에 물탄 것을 주십시오.

직원 : 물만 탈까요, 아니면 얼음도 넣을까요?

손님 : 얼음도 넣어 주십시오.

직원 : 알겠습니다. 어떤 상표로 하시겠습니까?

손님 : 글쎄요. 죠니워커 블랙을 부탁합니다.

직원 : 알겠습니다. 손님은?

손님 : 같은 것을 부탁합니다.

직원 : 알겠습니다. 안주는 어떻게 하실까요?

손님 : 땅콩과 샐러드를 주십시오.

직원 : 알겠습니다. 감사합니다.

　　　　　잠시만 기다려 주십시오.

1. いらっしゃいませ。

원래 「来(く)る(오다)」「行(い)く(가다)」「いる(있다)」의 존경어인 「いらっしゃる」는 「오시다, 계시다」라는 뜻이고, 「~ませ」를 붙이면 손님을 맞이할 때 쓰는 「어서 오세요, 어서 오십시오.」라는 뜻

2. 何名様でしょうか。

「何名(なんめい)」는 「何人(なんにん)」에 비해서 공손한 느낌을 준다. 「~でしょうか」의 경우도 「~ですか」보다는 묻는 입장에서 볼 때 더 공손하다.

3. お水だけでしょうか

「~だけ」는 「~만, ~뿐」「~만큼, ~에 까지」의 뜻으로 주로 「한정」이나 「정도」를 나타낼 때 쓴다.

01 다음 한자 읽기를 히라가나로 쓰고 뜻도 써 보세요.

1) 何名様　　　　　(　　　　　　　　)(　　　　　　　　)

2) 席　　　　　　　(　　　　　　　　)(　　　　　　　　)

3) 水　　　　　　　(　　　　　　　　)(　　　　　　　　)

4) 氷　　　　　　　(　　　　　　　　)(　　　　　　　　)

5) 銘柄　　　　　　(　　　　　　　　)(　　　　　　　　)

02 다음 (　　　)에 알맞은 것을 고르세요.

1) こちらのお席(　　　　　)よろしいでしょうか。

　　① を　　　　② で　　　　③ ので　　　　④ たい

2) それとも氷(　　　　　)お入れしましょうか。

　　① も　　　　② か　　　　③ に　　　　④ と

3) 同じもの(　　　　　)お願いします。

　　① ので　　　② まで　　　③ を　　　　④ に

03 보기와 같이 써 보세요.

보기	お氷 →　お氷だけでしょうか

1) 氷(こおり)　　　→　　..

2) 牛乳(ぎゅうにゅう)　→　..

3) 果物(くだもの)　→　　..

04 자연스러운 문장이 되도록 순서를 바꿔 보세요.

1) でしょうか / の / こちら / よろしい / お席^{せき}で

   ....

2) も / 下^{くだ}さい / 入^いれて / 氷^{こおり}

   ....

3) ましょうか / どう / おつまみは / 致^{いた}し

   ....

05 다음 문장을 일본어로 써 보세요.

1) 몇 분이십니까?

   ....

2) 마실 것은 무엇으로 하시겠습니까?

   ....

3) 안주는 어떻게 하실까요?

   ....

06 다음 문장을 읽고 질문에 ○, ×로 대답하세요.

> A : お飲^のみ物^{もの}は何^{なに}になさいますか。
>
> B : スコッチの水割^{みずわ}りを下^{くだ}さい。
>
> A : お水^{みず}だけでしょうか、それとも氷^{こおり}もお入^いれしましょうか。
>
> B : 氷^{こおり}も入^いれて下^{くだ}さい。

1) 고객은 스카치 칵테일을 주문하였다.　　（　　　　）

2) 고객은 얼음은 빼달라고 주문하였다.　　（　　　　）

<조선호텔 바&라운지>
출처 : https://blog.naver.com/waterjiwona1/221187755895

第16課

モーニングコールでございますね。

モーニングコールでございますね。

職員 ： オパレーターでございます。

客 ： もしもし、すみませんが、

朝電話で起こしてもらいたいんですが。

職員 ： モーニングコールでございますね。

お部屋の番号と、希望のお時間をお願い致します。

客 ： 815号室です。六時に起こしてもらえますか。

職員 ： 815号室で、六時でございますね。かしこまりました。

六時と六時十分の二回、電話が鳴ります。

客 ： あ、そうですか。どうもありがとう。

職員 ： お休みなさいませ。

- モーニング コール : 모닝 콜 (morning call)
- 電話(でんわ) : 전화
- 部屋(へや) : 방
- 希望(きぼう) : 희망
- 号室(ごうしつ) : 호실
- 十分(じっぷん) : 10분
- 鳴(な)る : 울리다

- オパレーター : 오퍼레이터(operator)
- 朝(あさ) : 아침
- 起(お)こす : 일으키다
- 番号(ばんごう) : 번호
- 時間(じかん) : 시간
- 六時(ろくじ) : 6시
- 二回(にかい) : 2회
- 休(やす)む : 자다, 휴식하다

출처 : https://www.imperialhotel.co.jp/kr/osaka/stay/service/other.html

모닝콜입니까?

직원 : **교환원입니다.**

손님 : 여보세요. 미안합니다만,

아침에 전화로 깨워주시겠습니까?

직원 : **모닝콜입니까?**

방 번호와 희망시간을 말씀해 주십시오.

손님 : 815호실입니다. 6시에 깨워주실 수 있습니까?

직원 : **815호실, 6시요. 잘 알겠습니다.**

6시와 6시 10분 두 번 전화벨이 울립니다.

손님 : 아, 그렇습니까? 고마워요.

직원 : **안녕히 주무십시오.**

출처 : https://blog.naver.com/ezcell/30154421583

1. もしもし

「여보세요」란 뜻으로 일본어에서 사람을 부를 때에 쓰는 것인데, 현대에서는 주로 전화를 걸 때에 사용.

2. お願い致します。

「부탁합니다.」의 의미로서 「願(ねが)う(부탁하다)」와 「する(하다)」의 겸양어인 「致(いた)す」가 복합된 표현으로서, 손윗사람에게 자신의 행동을 더 낮추어 말하는 경우 사용하는 표현

3. お休みなさいませ。

「お休(やす)みなさい」는 잘 때의 인사말로 「안녕히 주무십시오.」의 뜻으로 「お休(やす)み」보다 공손한 표현이며, 「~ませ」가 붙으면 더욱 더 공손한 표현.

「동사 연용형 + なさい : (하)시오, (하)거라, (하)렴」
 → 위 사람에게는 쓸 수 없음

私(わたし)が言(い)うのをよく聞(き)きなさい。(내가 말하는 것을 잘 들어라)
ご飯(はん)を食(た)べる前(まえ)に必(かなら)ず手(て)を洗(あら)いなさい。
(밥을 먹기 전에 꼭 손을 씻으렴)
寝(ね)る前(まえ)の歯(は)を磨(みが)きなさい。(자기 전에 이를 닦으렴)
日本(にほん)へ行(い)くなら富士山(ふじさん)へ行(い)って見(み)なさい。
(일본에 간다면 후지산에 가보세요.)

01 다음 한자 읽기를 히라가나로 쓰고 뜻도 써 보세요.

1) 二回 　　　　　(　　　　　　　　　)(　　　　　　　　)

2) 六時 　　　　　(　　　　　　　　　)(　　　　　　　　)

3) 朝 　　　　　　(　　　　　　　　　)(　　　　　　　　)

4) 十分 　　　　　(　　　　　　　　　)(　　　　　　　　)

5) 希望 　　　　　(　　　　　　　　　)(　　　　　　　　)

02 다음 ( )에 알맞은 것을 고르세요.

1) 朝電話（ 　　　 ）起こしてもらいたいんですが。

　① を　　　　② で　　　③ ので　　　④ たい

2) お部屋の番号（ 　　　 ）、希望のお時間をお願い致します。

　① も　　　　② か　　　③ に　　　④ と

3) 六時と六時十分（ 　　　 ）二回、電話が鳴ります。

　① ので　　　② の　　　③ を　　　④ に

03 보기와 같이 써 보세요.

보기	見(み)る → 見(み)なさい

1) 聞(き)く 　　　→ ....

2) 洗(あら)う 　　→ ....

3) 磨(みが)く 　　→ ....

04 자연스러운 문장이 되도록 순서를 바꿔 보세요.

1) たいんですが / 朝電話で / もらい / 起こして / たいんですが

....

2) もらえますか / 起こして / 六時に

....

3) 鳴ります / 六時と / 二回 / 六時十分の / 電話が

....

05 다음 문장을 일본어로 써 보세요.

1) 아침에 전화로 깨워주시겠습니까?

....

2) 방 번호와 희망시간을 말씀해 주십시오.

....

3) 안녕히 주무십시오.

....

06 다음 문장을 읽고 질문에 ○, ×로 대답하세요.

> A : モーニングコールでございますね。
>   お部屋の番号と、希望のお時間をお願い致します。
> B : 815号室です。六時に起こしてもらえますか。
> A : 815号室で、六時でございますね。かしこまりました。
>   六時と六時十分の二回、電話が鳴ります。

1) 고객은 6시에 모닝콜을 요청하였다.　　（　　　）

2) 모닝콜은 세 번 전화벨이 울린다.　　（　　　）

<신라호텔>

출처 : https://blog.naver.com/acegolf00/220766048904

第17課

アメリカンブレックファーストを
お願^{ねが}いします。

アメリカンブレックファーストをお願いします。

職員 ： おはようございます。ご注文をお伺い致します。

客 ： 〈メニューを見る〉

アメリカンブレックファーストをお願いします。

職員 ： はい。ジュースは何になさいますか。

客 ： オレンジ ジュースでいいです。

職員 ： たまご料理は何になさいますか。

客 ： フライドをお願いします。

職員 ： たまご料理にハムかベーコン、ソーセージが 付きますが、

どちらがよろしいでしょうか。

客 ： ベーコンにして下さい。

職員 ： トーストとロールパンとではどちらになさいますか。

客 ： ロールパンを下さい。

職員 ： コーヒーと紅茶とではどちらになさいますか。

客 ： コーヒーを下さい。

職員 ： はい。かしこまりました。

ジュースはオレンジで、それからフライドとベーコン、

ロールパンとコーヒーでございますね。

客 ： ええ、そうです。

職員 ： はい。ありがとうございます。少々お待ち下さい。

- 朝食(ちょうしょく) : 조식
- 伺(うかが)う : 聞(き)く(듣다)의
  겸양어
- アメリカン ブレックファースト :
  미국식 조찬(American breakfast)
- なさる : 〈する의 높임말〉하시다
- 卵(たまご)料理(りょうり) : 계란요리
- ハム : 햄(ham)
- ソーセージ : 소시지(sausage)
- どちら : 어느 쪽
- ロールパン : 롤빵
- 紅茶(こうちゃ) : 홍차

- 注文(ちゅうもん) : 주문
- メニュー : 메뉴(menu)
- 見(み)る : 보다
- 願(ねが)う : 바라다, 부탁하다
- オレンジ ジュース :
  오렌지 주스(Orange Juice)
- フライド : 프라이(fried)
- ベーコン : 베이컨(bacon)
- 付(つ)く : 붙다. 달라붙다
- トースト : 토스트(toast)
- コーヒー : 커피(coffee)
- 畏(かしこ)まる : 삼가(명령을) 받들다

〈아메리칸 블랙퍼스트〉
출처 : https://blog.naver.com/gentry770/221276978035

아메리칸 블랙퍼스트를 부탁합니다.

직원 : 안녕하세요. 주문을 받겠습니다.

손님 : 〈메뉴를 본다〉

아메리칸 블랙퍼스트를 부탁합니다.

직원 : 네, 주스는 무엇을 드릴까요?

손님 : 오렌지주스가 좋아요.

직원 : 계란요리는 무엇으로 하시겠습니까?

손님 : 후라이를 부탁합니다.

직원 : 계란요리에 햄 또는 베이컨, 소시지가 딸려 나옵니다만,

어느 쪽이 좋습니까?

손님 : 베이컨으로 해 주세요.

직원 : 토스트와 롤빵 중에서는 어느 쪽으로 하시겠습니까?

손님 : 롤빵을 주세요.

직원 : 커피와 홍차 중에서는 어느 쪽으로 하시겠습니까?

손님 : 커피를 주세요.

직원 : 네, 잘 알겠습니다.

주스는 오렌지, 그리고 후라이와 베이컨,

롤빵과 커피이지요.

손님 : 네, 그렇습니다.

직원 : 네, 감사합니다. 잠시만 기다려 주십시오.

1. お伺い致します。

「聞(き)く -(듣다)」의 겸양어 「伺(うかが)う」를 겸양표현인 「お+동사의 연용형+いたす」의 문형으로 더욱 공손하게 나타낸 표현.
私(わたし)がお呼(よ)び致(いた)します。 (제가 부르겠습니다.)

2. ジュースは何になさいますか。

「する(하다)」의 높임말 「なさる(하시다)」를 사용한 표현.
結婚(けっこん)をなさいますか。 (결혼 하십니까?)
どんな仕事(しごと)をなさっていますか。 (어떤 일을 하십니까?)

3. たまご料理にハムかベーコン、ソーセージがつきますが、

「ハムか ベーコン」의 조사 「~か」는 「~나/~이나」의 뜻.
掃除(そうじ)は土曜日(どようび)か日曜日(にちようび)にまとめてします。
(청소는 토요일이나 일요일에 한꺼번에 합시다.)

4. ベーコンにして下さい。

「ベーコンに」의 조사 「~に」는 「~으로」의 뜻으로, 어떤 동작의 「선택」을 나타낼 때 사용하는 조사.

5. はい。かしこまりました。

윗분이나 손님에게 알겠다고 대답할 경우 사용하며, 의미는 わかりました(알겠습니다)와 똑같지만, かしこまりました는 상대방의 명령, 제의를 받아들이는 경어 표현이다. 특히 부하직원은 상사에게, 호텔 종사원은 손님에게 사용한다.
하지만 명령, 제의가 아니고 설명한 내용의 뜻을 이해한 것인지 묻는 말에 대답할 때는 かしこまりました가 아닌 わかりました를 사용한다.
かしこまる : 송구해하다, 삼가 명령을 받들다

01 다음 한자 읽기를 히라가나로 쓰고 뜻도 써 보세요.

1) 朝食   (   )(   )

2) 卵料理   (   )(   )

3) 紅茶   (   )(   )

4) 注文   (   )(   )

5) 見る   (   )(   )

02 다음 (　　　)에 알맞은 것을 고르세요.

1) ジュースは何(なに)(　　　　　)なさいますか。

   ① を　　　　② に　　　　③ ので　　　④ たい

2) どちら(　　　　　)よろしいでしょうか。

   ① も　　　　② か　　　　③ が　　　　④ と

3) ロールパン(　　　　　)コーヒーでございますね。

   ① ので　　　② と　　　　③ を　　　　④ に

03 보기와 같이 써 보세요.

보기	ベーコン → ベーコンにして下さい。

1) 紅茶(こうちゃ)   →   ....

2) コーヒー   →   ....

3) ロールパン   →   ....

04 자연스러운 문장이 되도록 순서를 바꿔 보세요.

1) は / なさいますか / 何^{なに}に / ジュース

....

2) なさいますか / コーヒーと / どちらに / 紅茶^{こうちゃ}とでは

....

3) を / 致^{いた}します / ご注文^{ちゅうもん} / お伺^{うかが}い

....

05 다음 문장을 일본어로 써 보세요.

1) 주스는 무엇을 드릴까요?

....

2) 계란요리는 무엇으로 하시겠습니까?

....

3) 잠시만 기다려 주십시오.

....

06 다음 문장을 읽고 질문에 ○, ×로 대답하세요.

> A : たまご料理^{りょうり}にハムかベーコン、ソーセージが付^つきますが、
> どちらがよろしいでしょうか。
> B : ベーコンにして下^{くだ}さい。
> A : トーストとロールパンとではどちらになさいますか。
> B : ロールパンを下^{くだ}さい。

1) 고객은 햄을 선택하였다.　　　（　　　）
2) 고객은 롤빵을 선택하였다.　　　（　　　）

第18課

アイスコ-ヒ-を二つ
お願いします。

アイスコーヒーを二つお願いします。

職員 ： いらっしゃいませ。

　　　　何名様でしょうか。

客 ： 一人ですが、こちらで待ち合わせしているんです。

職員 ： それでしたら、こちらへどうぞ。

　　　　こちらのお席でよろしいでしょうか。

客 ： はい、いいです。

職員 ： 少々お待ち下さい。

職員 ： ご注文は何になさいますか。

客 ： アイスコーヒーはできますか。

職員 ： アイスコーヒーとコーヒーフロートがございますが。

客 ： じゃ、アイスコーヒーを二つお願いします。

職員 ： はい、少々お待ち下さい。

　　　　只今お持ち致します。

- コ-ヒ- ショップ : 커피 숍
- いらっしゃる : 오시다/가시다/계시다
- 何名(なんめい) : 몇 명
- 様(さま) : ...씨, ...님
- こちら : 이쪽
- どうぞ : 아무쪼록, 제발, 부디
- 席(せき) : 자리
- いい : 〈「良(よ)い」보다 부드러운
  표현〉좋다
- 待(ま)つ : 기다리다
- 案内(あんない) : 안내
- 何(なに) : 무엇
- 何名様(なんめいさま) : 몇 분
- 一人(ひとり) : 한사람
- 待(ま)ち合(あ)わせる : 미리 장소와 시
  간을 정해 놓고 상대를 기다리다
- よろしい : 〈「良(よ)い」의 공손한
  표현〉좋다, 괜찮다

- 少々(しょうしょう) : 조금, 잠깐
- 注文(ちゅうもん) : 주문
- なさる : 〈する의 높임말〉하시다
- 出来(でき)る : 할 수 있다, 가능하다
- コ-ヒ- フロ-ト : 커피플로트
  (coffee float)
- 二(ふた)つ : 둘, 두개
- 致(いた)す : 〈「する」의 겸사말〉
  하다
- 何(なに) : 무엇
- アイス コ-ヒ- : 아이스커피
  (ice coffee)
- ござる : 〈「ある」의 공손한 표현〉
  있습니다 = ございます
- 願(ねが)う : 바라다, 부탁하다
- 只今(ただいま) : 지금, 곧

아이스커피 두 잔 부탁합니다.

직원 : 어서 오십시오.

몇 분이십니까?

손님 : 혼자인데, 여기서 약속을 했습니다.

직원 : 그러시다면 이쪽으로 오십시오.

이 자리가 어떻습니까?

손님 : 네, 좋습니다.

직원 : 잠시만 기다려 주십시오.

직원 : 주문은 무엇으로 하시겠습니까?

손님 : 아이스커피 됩니까?

직원 : 아이스커피와 커피 플로트가 있습니다만.

손님 : 그럼 아이스커피 두 잔 부탁합니다.

직원 : 네, 잠시만 기다리십시오.

곧 가지고 오겠습니다.

1. いらっしゃいませ。

가게나 식당 등에 가면 점원들이 친절하게 「いらっしゃいませ」 혹은 「いらっしゃい」 라고 인사를 한다. 이것은 "어서 오십시오."라는 뜻이다.

「いらっしゃいませ」 는 「いらっしゃる」에 「～ます」의 명령형이 붙어서 된 말이다.

2. 何名様でしょうか。

의문대명사 「何(なん, なに)」는 의문을 나타내거나 정해지지 않은 것을 가리킬 때 쓰는 말이다.

「だ・で・と・の」 등이 뒤에 올 때 「なに」 는 「なん」 이 된다.

[例(たと)えば]

あれは何(なん)ですか。(저 것은 무엇입니까?)

なんの雑誌(ざっし)ですか。(무슨 잡지입니까?)

「なんの」 는 「무슨」 이라는 뜻으로 사물의 종류를 물을 때 사용된다.

3. 一人ですが、

사람이나 물건, 동물 등을 세는 말 뒤에 붙어 그 뜻을 분명히 해주는 말을 「조수사」 라고 한다. 우리나라 말처럼 일본어도 그 세는 대상에 따라 붙는 말이 달라진다.

○ 사람 수를 세는 법(～人)

한 사람 一人	두 사람 二人	세 사람 三人	네 사람 四人	다섯 사람 五人
ひとり	ふたり	さん にん	よ にん	ご にん
여섯 사람 六人	일곱 사람 七人	여덟 사람 八人	아홉 사람 九人	열 사람 十人
ろく にん	しち にん	はち にん	きゅう にん	じゅう にん
열 한 사람 十一人	몇 사람 何人			
じゅういち にん	なん にん			

4. こちらで 待ち合わせしているんです。

「待(ま)ち合(あ)わせ」는 「서로 만나기로 약속한 일」

5. こちらへどうぞ。

이쪽으로 오십시오.(This way, please.)
호텔에서 자주 사용하는 문장이다.

6. ご注文は何になさいますか。(주문은 무엇으로 하시겠습니까?)

주문받는 표현은 여러 가지가 있다.
① ご注文(ちゅうもん)はお決(き)まりになりましたか。
   (주문은 결정하셨습니까?)
② ご注文(ちゅうもん)をお伺(うかが)い致(いた)します。
   (주문을 받겠습니다.)
③ 何(なに)をお召(め)しあがりになりますか。
   (무엇을 드시겠습니까?)

7. アイスコ-ヒ-を二つお願いします。

○ 우리말의 「하나~열」에 해당하는 일본 고유 수사

하나	둘	셋	넷	다섯
一つ	二つ	三つ	四つ	五つ
여섯	일곱	여덟	아홉	열
六つ	七つ	八つ	九つ	十

(비교) 숫자 읽기

1	2	3	4	5
いち	に	さん	し (よん・よ)	ご
6	7	8	9	10
ろく	しち (なな)	はち	きゅう (く)	じゅう

8. お持ち致します。

「持(も)つ(갖다)」의 겸양어 표현으로서「가지고 오겠습니다.」를 공손히 말한
것이 「お + 동사연용형 + いたす」의 문형

<롯데호텔 아이스커피>
출처 : https://blog.naver.com/loveroma22/130129152237

01 다음 한자 읽기를 히라가나로 쓰고 뜻도 써 보세요.

1) 何名 ( ) ( )

2) 様 ( ) ( )

3) 席 ( ) ( )

4) 注文 ( ) ( )

5) 只今 ( ) ( )

02 다음 ( )에 알맞은 것을 고르세요.

1) こちら( )待_まち合_あわせしているんです。

① を ② で ③ ので ④ たい

2) ご注文_{ちゅうもん}は何_{なに}( )なさいますか。

① も ② か ③ が ④ に

3) アイスコーヒー( )二_{ふた}つお願_{ねが}いします。

① ので ② と ③ を ④ に

03 보기와 같이 써 보세요.

보기	一人_{ひとり} → 一人_{ひとり}ですが、

1) 二人 → ....

2) 三人 → ....

3) 四人 → ....

04 자연스러운 문장이 되도록 순서를 바꿔 보세요.

1) いるんです / 待ち合わせ / こちらで / して

....

2) なさいますか / ご注文は / 何に

....

3) と / ございますが / アイスコーヒー / コーヒーフロートが

....

05 다음 문장을 일본어로 써 보세요.

1) 몇 분이십니까?

....

2) 이 자리가 어떻습니까?

....

3) 주문은 무엇으로 하시겠습니까?

....

06 다음 문장을 읽고 질문에 ○, ×로 대답하세요.

> A : ご注文は何になさいますか。
> B : アイスコーヒーはできますか。
> A : アイスコーヒーとコーヒーフロートがございますが。
> B : じゃ、アイスコーヒーを二つお願いします。
> A : い、少々お待ち下さい。只今お持ち致します。

1) 고객은 아이스커피 두 잔 주문하였다.　　　(　　　)

2) 직원은 5분 정도 소요된다고 하였다.　　　(　　　)

<강원랜드호텔 로비라운지>
출처 : https://tour.interpark.com/freeya/Discovery/iframe/Contents.aspx?seq=3986&aname=

第19課

部屋の掃除に参りました。

部屋の掃除に参りました。

職員 : すみません。ルームメイドでございますが、

　　　　部屋の掃除に参りました。

　　　　入ってもよろしいでしょうか。

客 　 : はい、どうぞ。

職員 : 失礼致します。

(掃除をする)

職員 : 何か、足りないものはありませんか。

客 　 : せっけんとシャンプー、それからトイレットペーパーが

　　　　足りません。

職員 : はい、かしこまりました。

(作業)

職員 : 掃除は終了致しました。

客 　 : どうもご苦労様でした。

職員 : それでは、 どうぞごゆっくりおくつろぎ下さい。

- 掃除(そうじ) : 청소
- 部屋(へや) : 방
- 入(はい)る : 들어가다, 들어오다
- 失礼(しつれい) : 실례
- 足(た)りる : 충분하다
- シャンプー : 샴푸(shampoo)
- 作業(さぎょう) : 작업
- 終了(しゅうりょう) : 종료
- ゆっくり : 천천히

- ルームメイド : 룸메이드(Room maid)
- 参(まい)る : 来(く)る의 겸사말, 오다
- よろしい : <「良(よ)い」의 공손한 표현>좋다, 괜찮다
- 石鹸(せっけん) : 비누
- トイレット ペーパー : 화장실 휴지, 토일렛 페이퍼(toilet paper)
- 苦労(くろう) : 고생, 수고
- 寛(くつろ)ぐ : 휴식하다

하우스키핑(Housekeeping)

하우스키핑은 (Housekeeping)은 웹스터 사전에는 'The keeping of the house' 즉, 집의 보존, 유지 내지 관리라는 의미로 설명하고 있다.

즉, 하우스키핑은 호텔 내에서 객실 및 공공장소 등 전 호텔지역에 걸쳐서 청결유지, 건물관리 등 호텔의 자산(hotel property) 관리를 하는 주요한 업무를 담당하고 있다.

하우스키핑 업무는 크게 두 가지로 나누어지는데 첫 번째는 객실정비 업무이고, 두 번째는 호텔의 환경을 유지하는 일반적인 업무로 호텔의 신선함, 안락감, 편암한 분위기 유지 등과 공공지역 점검이다.

방 청소하러 왔습니다.

직원 : 실례합니다. 룸메이드입니다만,

　　　　방 청소하러 왔습니다.

　　　　들어가도 좋습니까?

손님 : 네, 들어 오십이오.

직원 : 실례합니다.

(청소를 하다)

직원 : 뭔가 부족한 것은 없습니까?

손님 : 비누와 샴푸, 그리고 화장실 휴지가

　　　　모자랍니다.

직원 : 네, 알겠습니다.

(작업)

직원 : 청소는 끝마쳤습니다.

손님 : 수고 많이 하셨습니다.

직원 : 그럼, 편히 쉬십시오.

1. 部屋の掃除に参りました。

「掃除(そうじ)に」의 조사「～に」는 동사화된 명사에 이어져서 「…하러」의 뜻을 갖는다.

[例(たと)えば]

勉強(べんきょう)に行(い)きます。(공부하러 갑니다.)

2. よろしいでしょうか。

「よろしい」는 「いい」의 공손한 표현. 「ですか」보다는「でしょうか」로 묻는 편이 묻는 입장에서 조심성이 있다.

3. ご苦労様でした。

「苦労(くろう)」는 「고생, 수고」에 해당되는 말인데「ご苦労様(くろうさま)」의 형으로 「수고하셨습니다.」의 뜻을 갖는다. 이때 「～でした」는 생략되기도 한다.

[例(たと)えば]

ごちそうさま(でした)。(잘 먹었습니다.)

おそまつさま(でした)。(변변치 않았습니다.)

4. どうぞごゆっくりおくつろぎください。

「くつろぎ(느긋하게 쉬다)」의 「お～ください」문형

おくつろぎください。

01 다음 한자 읽기를 히라가나로 쓰고 뜻도 써 보세요.

1) 掃除   (   )(   )

2) 失礼   (   )(   )

3) 終了   (   )(   )

4) 石鹸   (   )(   )

5) 苦労   (   )(   )

02 다음 (   )에 알맞은 것을 고르세요.

1) 屋の掃除(　　　)参りました。

　① を　　　② で　　　③ ので　　　④ に

2) せっけん(　　　)シャンプー、それからトイレットペーパーが足りません。

　① も　　　② か　　　③ が　　　④ と

3) 掃除(　　　)終了致しました。

　① ので　　② と　　　③ を　　　④ は

03 보기와 같이 써 보세요.

보기	よろしい → よろしいでしょうか。

1) 何名様(なんめいさま)　→ ....

2) どちら　→ ....

3) どなた　→ ....

04 자연스러운 문장이 되도록 순서를 바꿔 보세요.

1) に / 参りました / 部屋の / 掃除

   ....

2) それから / と / 足りません / せっけん / シャンプー / トイレットペーパーが

   ....

3) は / 致しました / 掃除 / 終了

   ....

05 다음 문장을 일본어로 써 보세요.

1) 방 청소하러 왔습니다.

   ....

2) 실례합니다.

   ....

3) 그럼, 편히 쉬십시오.

   ....

06 다음 문장을 읽고 질문에 ○, ×로 대답하세요.

> A : 何か、足りないものはありませんか。
>
> B : せっけんとシャンプー、それからトイレットペーパーが足りません。
>
> A : はい、かしこまりました。
>
> A : 掃除は終了致しました。
>
> B : どうもご苦労様でした。
>
> A : それでは、 どうぞごゆっくりおくつろぎ下さい。

1) 고객이 부족한 것은 비누, 샴푸, 화장실 휴지, 치약이었다. (   )

2) 직원은 객실 정비 후 인사 없이 퇴실하였다.   (   )

<베드 메이킹>

출처 : https://cafe.naver.com/thaiinfo/332477

第20課

洗濯物をお持ち致しました。

洗濯物をお持ち致しました。

(ベルをならす)

客 ： はい、どなたですか。

職員 ： ハウスキーパでございます。

　　　洗濯物をお持ち致しました。

客 ： どうぞ入って下さい。

職員 ： 失礼致します。こちら、ズボンでございます。

客 ： どうもありがとう。

職員 ： 萩原健太郎様、こちらにサインをお願い致します。

客 ： ここですね。(サインをする)

職員 ： ありがとうございます。

　　　こちらがお客様の控えになります。

　　　またご利用下さいませ。

客 ： はい、どうも。

- ランドリ- : 론드리(laundry), 세탁물
- ベル : 벨(bell), 초인종
- ハウス キ-パ :
  하우스키퍼(housekeeper)
- 入(はい)る : 들어오다
- ズボン : 즈봉(jupon), 양복바지
- 控(ひか)え : 영수증의 부본(副本)
- デリバリ- : 델리버리(Delivery), 배달
- 鳴(な)らす : 울리다
- 洗濯物(せんたくもの) : 세탁물
- 持(も)つ : 가지다
- 失礼(しつれい) : 실례
- サイン : 사인(sign)
- 利用(りよう) : 이용

〈세탁물 서비스〉
출처 : http://itempage3.auction.co.kr/DetailView.aspx?itemno=B572741646

세탁물을 가져 왔습니다.

(벨을 울리다)

손님 : 네, 누구십니까?

직원 : **하우스키퍼입니다.**

세탁물을 가져 왔습니다.

손님 : 네, 들어오십시오.

직원 : **실례하겠습니다. 여기 바지입니다.**

손님 : 고마워요.

직원 : **하기와라 켄타로님, 여기에 사인을 부탁합니다.**

손님 : 여기군요. (사인을 하다)

직원 : **감사합니다.**

이것이 손님의 영수증입니다.

또 이용해 주십시오.

손님 : 고마워요.

1. どなたですか。

○ 사람을 가리키는 말

1인칭	2인칭	3인칭	부정칭
わたし　(나)	あなた (당신)	かれ　(그 사람)	だれ　　　(누구)
わたくし (저)	きみ　(자네)	かのじょ (그 여자)	どなた (어느 분)
ぼく　(나)	おまえ　(너)		

2. お持ち致しました。

「持(も)つ(갖다)」의 겸양어 표현으로서 「갖고 왔습니다.」를 공손히 말한 것이 「お + 동사의 연용형 + いたす」의 문형

3. 控えになります。

「~になります」는「~이(가) 됩니다.」의 뜻으로 「명사 + になる」의 형태로 연결되며, 조사「に」앞에 동사가 올 때는 「동사 + ことになる」로 연결한다.

01 다음 한자 읽기를 히라가나로 쓰고 뜻도 써 보세요.

1) 控え   (   )(   )
2) 鳴らす   (   )(   )
3) 洗濯物   (   )(   )
4) 失礼   (   )(   )
5) 利用   (   )(   )

02 다음 (   )에 알맞은 것을 고르세요.

1) 洗濯物(せんたくもの)(   )お持(も)ち致(いた)しました。

   ① を   ② で   ③ ので   ④ に

2) こちら(   )サインをお願(ねが)い致(いた)します。

   ① も   ② か   ③ が   ④ に

3) こちらがお客様(きゃくさま)の控(ひか)え(   )なります。

   ① ので   ② と   ③ を   ④ に

03 보기와 같이 써 보세요.

보기	控(ひか)え → 控(ひか)えになる

1) 先生(せんせい)   → ....
2) 高校生(こうこうせい)   → ....
3) 大学生(だいがくせい)   → ....

04 자연스러운 문장이 되도록 순서를 바꿔 보세요.

1) を / 致しました / 洗濯物 / お持ち

   ....

2) を / 致します / こちら / サイン / お願い / に

   ....

3) が / なります / お客様の / こちら / 控えに

   ....

05 다음 문장을 일본어로 써 보세요.

1) 세탁물을 가져 왔습니다.

   ....

2) 여기에 사인을 부탁합니다.

   ....

3) 또 이용해 주십시오.

   ....

06 다음 문장을 읽고 질문에 ○, ×로 대답하세요.

A : 失礼致します。こちら、ズボンでございます。

B : どうもありがとう。

A : 大牧様、こちらにサインをお願い致します。

B : こですね。(サインをする)

A : ありがとうございます。こちらがお客様の控えになります。

　　またご利用下さいませ。

---

1) 직원은 바지를 가지고 왔다.　　(　　　　)

2) 고객은 현금으로 계산하였다.　　(　　　　)

洗濯物をお持ち致しました。

第21課

両替をしてもらえますか。

両替をしてもらえますか。

職員 ： いらっしゃいませ。

客 ： 両替をしてもらえますか。

職員 ： かしこまりました。こちらの用紙にご記入いただけますか。

客 ： わかりました。

職員 ： 50,000円をウォンに両替でございますね。

客 ： そうです。

職員 ： ただ今計算致しますので、少々お待ち下さい。

(しばらくしてから)

職員 ： お待たせ致しました。

　　　　本日のレートで400,000ウォンになります。

　　　　どうぞ、ご確認下さいませ。

客 ： どうも。

단어/単語

- フロント キャッシャ- : 프론트 케셔 (Front Cashier)
- 用紙(ようし) : 용지
- ただ今(いま) : 지금
- 少々(しょうしょう) : 조금, 잠깐
- 暫(しばら)く : 잠깐
- レ-ト : 레이트(rate), 비율
- 両替(りょうがえ) : 환전
- 業務(ぎょうむ) : 업무
- 記入(きにゅう) : 기입
- 計算(けいさん) : 계산
- 待(ま)つ : 기다리다
- 本日(ほんじつ) : 오늘, 금일
- 確認(かくにん) : 확인

환전을 해 주시겠습니까?

직원 : 어서 오십시오.

손님 : 환전을 해 주시겠습니까?

직원 : 알겠습니다. 이 용지에 기입해 주시겠습니까?

손님 : 알겠습니다.

직원 : 50,000엔을 원으로 환전하십니까?

손님 : 그렇습니다.

직원 : 지금 계산할 테니, 잠시 기다려 주십시오.

(잠시 후)

직원 : 오래 기다리셨습니다.

오늘 환율로 400,000원입니다.

확인하여 보십시오.

손님 : 고맙습니다.

1. 両替^{りょうがえ}をしてもらえますか。

「もらう(받다)」의 가능동사「もらえる (받을 수 있다)」가 되어 다른 동사의
「～て」형에 이어진 문형.
「～てもらえますか」의 문형으로 「～해 받을 수 있습니까?」, 즉 「～해 주
실 수 있습니까?」의 뜻.
「～てください」라고 말하는 것보다는 조심성 있게 부탁하는 표현.

2. ご記入^{きにゅう}いただけますか。

「いただく」는「もらう(받다)」의 겸양어인데, 여기서는 가능동사「いただげる」
로 되었다. 「ご記入(きにゅう)」는「記入(きにゅう)」의 존경어.

3. 400,000ウォンになります。

「～になる(～이 되다)」의 문형을 사용하면, 약간 우회적인 표현이 되어 조심성
을 느끼게 한다.

4. ご確認^{かくにん}下^{くだ}さいませ。

「확인해 주십시오.」의 뜻으로, 존경의 접두어 ご를 붙여 「確認(かくにん)して
ください」보다 공손한 표현. 끝에 「ませ」를 붙여 더욱 정중한 표현.

01 다음 한자 읽기를 히라가나로 쓰고 뜻도 써 보세요.

1) 両替 ( )( )

2) 記入 ( )( )

3) 計算 ( )( )

4) 本日 ( )( )

5) 確認 ( )( )

02 다음 ( )에 알맞은 것을 고르세요.

1) こちらの用紙( )ご記入いただけますか。

 ① を ② で ③ ので ④ に

2) 50,000円をウォン( )両替でございますね。

 ① も ② か ③ が ④ に

3) 本日のレート( )400,000ウォンになります。

 ① ので ② と ③ で ④ に

03 보기와 같이 써 보세요.

보기	400,000ウォン → 400,000ウォンになります。

1) 500,000ウォン → ....

2) 600,000ウォン → ....

3) 700,000ウォン → ....

04 자연스러운 문장이 되도록 순서를 바꿔 보세요.

1) いただけますか / 用紙に / こちらの / ご記入

   ....

2) に / ございますね / ウォン / 50,000円を / 両替で

   ....

3) なります / レートで / 本日の / 400,000ウォンに

   ....

05 다음 문장을 일본어로 써 보세요.

1) 환전을 해 주시겠습니까?

   ....

2) 이 용지에 기입해 주시겠습니까?

   ....

3) 오래 기다리셨습니다.

   ....

06 다음 문장을 읽고 질문에 ◯, ×로 대답하세요.

A：こちらの用紙にご記入いただけますか。

B：わかりました。

A：50,000円をウォンに両替でございますね。

B：そうです。

A：ただ今計算致しますので、少々お待ち下さい。

A：お待たせ致しました。本日のレートで400,000ウォンになります。
どうぞ、ご確認下さいませ。

1) 고객은 50,000원을 엔으로 환전하기를 희망한다.　　　（　　　）

2) 오늘 환율은 400,000원이다.　　　　　　　　　　　　（　　　）

<환전 서비스>
출처 : https://japantravel.navitime.com/ko/area/jp/guide/NTJhowto0001-ko

일본의 화폐

500 円   100 円   50 円

10 円   5 円   1 円

10000 円

福沢諭吉(ふくざわゆきち 1835-1901)

사상가, 게이오대학 설립자

5000 円

樋口一葉(ひぐちいちよう 1872-1896)

메이지(明治)시대의 여류소설가

일본 근대소설의 개척자

2000 円

沖縄県(おきなわけん)의

守礼門(しゅれいもん).

2000년을 기념하여 발행된 지폐

1000 円

野口英世(のぐちひでよ 1876-1928)

세균학자

한국어가 된 일본어

○ 노가다

육체노동자를 이르는 말로 일본어의 「土方(どかた)」에서 왔다. 일본어의 원래 의미도 토목공사장에서 일하는 노동자를 이르는 말이다.

○ 삐끼

길에서 호객행위를 하는 사람들이다. 일본어의 「客引き(きゃくびき)」에서 유래되었다. 「きゃく」란 손님이란 뜻이고 「ひき」는 끌다란 뜻으로 손님을 끄는 행위나 직업을 말한다.

○ 시다

견습생을 이르는 말로 일본어의 「したばたらき」에서 유래했다. 「した」란 밑이란 뜻이고, 「ばたらき」는 일하다는 동사의 명사형인 「働(はたら)き」가 앞에 오는 단어의 영향으로 탁음화한 것이다. 또 하나는 「したっぱ」라는 말에서 유래되었다는 것인데, 이 「したっぱ」 역시 견습생을 의미하는 일본어이다.

○ 오야

계주를 의미하는 말로 일본어의 「おや」에서 유래하였다. 「おや」란 어버이, 부모라는 뜻으로 그 조직에서 가장 높은 사람을 의미하는 말이기도 하다.
(예) おやぶん : 야쿠자의 두목　　　おやゆび : 엄지손가락

○ 스리

날치기꾼을 의미하는 말로 일본어의 「する」에서 유래되었다. 일본어의 「する」란 남의 물건을 훔치는 행위를 말한다.

○ 쓰키다시

술집에 가면 주문을 하지 않아도 기본적인 안주가 따라 오는데 이를 〈쓰키다시〉라고 하는 분이 많다. 일본어의 「付(つ)き出(だ)し」를 지칭하는 것이다. 「付(つ)き」는 〈덧 붙이다〉라는 뜻이며, 「出(だ)し」는 〈내다 出(だ)す〉의 명사형이다.

○ 유도리

〈그는 유도리가 없어〉 〈유도리있게 생각하세요〉 등, 여유있고 융통적인 사고방식을 의미하는 말로 〈유도리〉란 단어를 산용하기도 한다. 일본어의 「ゆとり」에서 왔는데, 공간, 시간, 마음, 체력적인 여유를 의미하는 말이다.

第22課

チェックアウトを
したいのですが、

チェックアウトをしたいのですが、

職員　：　おはようございます。

客　　：　おはよう。チェックアウトをしたいのですが、

　　　　　815号室です。

職員　：　はい、かしこまりました。お部屋の鍵をいただけますか。

客　　：　はい、どうぞ。

職員　：　少々お待ちください。ただ今計算しております。

(計算開始)

職員　：　お待たせ致しました。合計で550,000ウォンになります。

客　　：　円で払えますか。

職員　：　はい、どえぞ。51,500円になります。

客　　：　〈6万円出しながら〉　はい、これで。

職員　：　8,500円のお返しです。こちらが領収書でございます。

客　　：　はい、どうもお世話になりました。

職員　：　どうもありがとうございました。またお越し下さい。

단어/単語

- チェック アウト : 체크아웃
  (check out)
- 鍵(かぎ) : 열쇠, 키
- 待(ま)つ : 기다리다
- 計算(けいさん) : 계산
- 合計(ごうけい) : 합계
- 払(はら)う : 지불하다
- 返(かえ)す : 돌려주다
- 領収証(りょうしゅうしょう) : 영수증

- 号室(ごうしつ) : 호실
- 部屋(へや) : 방
- 少々(しょうしょう) : 조금, 잠깐
- ただ今(いま) : 지금
- 開始(かいし) : 개시, 시작
- 円(えん) : 엔(일본 화폐단위)
- 出(だ)す : 주다, 꺼내다
- おかえし : 거스름돈(=おつり)
- 越(こ)す : 오다, 넘다

체크아웃을 하려고 합니다만,

직원 : 안녕하십니까?

손님 : 안녕하세요. 체크아웃을 하려고 합니다만,

　　　 815호실입니다.

직원 : 네, 알겠습니다. 방 열쇠를 주시겠습니까?

손님 : 네, 여기 있습니다.

직원 : 잠시만 기다려 주십시오. 지금 계산하겠습니다.

(계산 개시)

직원 : 오래 기다리셨습니다. 합해서 550,000원입니다.

손님 : 일본 돈으로 지불해도 됩니까?

직원 : 네, 됩니다. 51,500엔입니다.

손님 : 〈6만엔을 낸다〉 네, 여기 있습니다.

직원 : 8,500엔 거스름입니다. 이것이 영수증입니다.

손님 : 고맙습니다. 그 동안 신세졌습니다.

직원 : 대단히 감사합니다. 또 오십시오.

1. おはようございます。

아침에 하는 인사말이며, 흔히 동료나 아랫사람 혹은 친한 사이에는 「おはよう」만 사용하기도 한다.

「こんにちは」는 낮 동안에 하는 인사말이며, 「は」발음은 「wa」로 해야 한다.

「こんばんは」는 해가 진 후 저녁이나 밤에 하는 인사말이며 「は」는 「와」로 발음해야 한다.

2. チェックアウトをしたいのですが、

희망을 나타내는 조동사 「~たい(~고 싶다)」가 연결된 뒤 다시 「~のですが、」가 이어진 문장.

3. お部屋の鍵をいただけますか。

「いただく」는 「もらう(받다)」의 겸양어인데, 여기서 〈가능〉의 뜻인 「いただける(받을 수 있다, ~해 줄 수 있다)」를 사용해 말하는 사람의 공손함이 들어 있는 표현.

4. ただ今計算しております。

「~て」形에 「いる」의 겸양어 「おる」가 이어진 말.

「~ておる」는 「~ている」의 겸손한 표현.

5. 合計で550,000ウォンになります。

「~になります」는 「~이(가) 됩니다.」의 뜻으로 「명사 + になる」의 형태로 연결되며, 조사 「に」앞에 동사가 올 때는 「동사원형 + ことになる」로 연결한다.

6. お世話になりました。

「お世話(せわ)になる」는 「신세지다, 도움을 받다」는 뜻의 관용어이다. 내가 남에게 도움을 주는 경우에는 「世話(せわ)をする」라고 한다.

01 다음 한자 읽기를 히라가나로 쓰고 뜻도 써 보세요.

1) 鍵 　　　　　(　　　　　　　)(　　　　　　　)

2) 計算 　　　　(　　　　　　　)(　　　　　　　)

3) 合計 　　　　(　　　　　　　)(　　　　　　　)

4) 領収証 　　　(　　　　　　　)(　　　　　　　)

5) 部屋 　　　　(　　　　　　　)(　　　　　　　)

02 다음 (　　　)에 알맞은 것을 고르세요.

1) チェックアウトをしたい(　　　　　)ですが、

① を 　　　② で 　　　③ ので 　　　④ の

2) 合計で550,000ウォン(　　　　　)なります。

① も 　　　② か 　　　③ が 　　　④ に

3) こちら(　　　　)領収書でございます。

① ので 　　　② と 　　　③ で 　　　④ が

03 보기와 같이 써 보세요.

보기	550,000ウォン → ごじゅうごまんウォン

1) 840,000ウォン 　　→ ....

2) 270,000ウォン 　　→ ....

3) 690,000ウォン 　　→ ....

04 자연스러운 문장이 되도록 순서를 바꿔 보세요.

1) ですが / し / の / チェックアウトを / たい

....

2) の / いただけますか / お部屋 / 鍵を

....

3) に / なりました / お世話 / どうも

....

05 다음 문장을 일본어로 써 보세요.

1) 방 열쇠를 주시겠습니까?

....

2) 지금 계산하겠습니다.

....

3) 일본 돈으로 지불해도 됩니까?

....

06 다음 문장을 읽고 질문에 ○, ×로 대답하세요.

A : お待たせ致しました。合計で550,000ウォンになります。

B : 円で 払えますか。

A : はい、どえぞ。51,500円になります。

B : 〈6万円出しながら〉　はい、これで。

A : 8,500円のお返しです。こちらが領収書でございます。

B : はい、どうもお世話になりました。

1) 고객이 지불할 금액은 고객은 550,000엔이다.　　（　　　）
2) 거스름돈은 8,500엔이다.　　　　　　　　　　　（　　　）

<체크아웃>

출처 : http://blog.daum.net/dollsoul/7254287

명사형 만들기(1)

한 단어가 한 품사에서 다른 품사로 바뀌는 것을 품사의 전성이라 한다.
이 가운데 형용사가 명사로 변하는 형태를 살펴보자

1. 형용사의 어미 「い」→「さ」로 변하여 「명사」가 된다.

暑い	덥다	→	暑さ	더위
寒い	춥다	→	寒さ	추위
熱い	뜨겁다	→	熱さ	뜨거움
冷たい	차갑다	→	冷たさ	차가움
良い	좋다	→	良さ	좋음
悪い	나쁘다	→	悪さ	나쁨
太い	굵다	→	太さ	굵기
細い	가늘다	→	細さ	가늘
高い	높다	→	高さ	높이
低い	낮다	→	低さ	낮음

2. 형용사의 어미 「い」→「み」로 변하여 「명사」가 된다.

痛い	아프다	→	痛さ	아픔	→	痛み	아픔
楽しい	즐겁다	→	楽しさ	즐거움	→	楽しみ	즐거움
苦しい	괴롭다	→	苦しさ	괴로움	→	苦しみ	괴로움
悲しい	슬프다	→	悲しさ	슬픔	→	悲しみ	슬픔
親しい	친하다	→	親しさ	친함	→	親しみ	친함

명사형 만들기(2)

3. 동사의 어미 「う」段 → 「い」段으로 변하여 「명사」가 된다.

願う	원하다	→	願い	원함
望む	바라다	→	望み	소망
集まる	모이다	→	集まり	모임
行う	행하다	→	行い	행위
向く	향하다	→	向き	방향
当たる	적중하다	→	当たり	적중
続く	계속하다	→	続き	계속
喜ぶ	기뻐하다	→	喜び	기쁨
変わる	대신하다	→	代わり	대신
思う	생각하다	→	思い	생각

4. 동사의 어미 「る」가 없어져 「명사」가 된다.

教える	가르치다	→	教え	가르침
助ける	구조하다	→	助け	구조
答える	대답하다	→	答え	대답
別れる	헤어지다	→	別れ	이별
届ける	신고하다	→	届け	신고

부　　록

- 연습문제 해답
- 핵심정리
- 성씨 표기 법
- 일본한자 1,800
- ひらがな(히라가나), カタカナ(가타카나) 쓰기연습

4과	いつのお泊まりでございますか。

01 1) きゃくしつ / 객실　　2) なまえ / 이름, 성명
　　3) でんわ / 전화　　　　4) よやく / 예약
　　5) れんらくさき / 연락처

02 1) ③　　　　　　　　2) ④
　　3) ②

03 1) 五月三日から二日間でございますね。
　　（ごがつみっか）

　　2) 八月十日から二日間でございますね。
　　（はちがつとおか）

　　3) 十二月十四日から二日間でございますね。
　　（じゅうにがつじゅうよっか）

04 1) 客室予約係りでございます。

　　2) いつのお泊まりでございますか。

　　3) 部屋は一つでいいです。

05 1) ツインにして下さい。

　　2) 連絡先をお願い致します。

　　3) いつのお泊まりでございますか。

06 1) ×　　　　　　　　2) ×

01 　1) とうちゃく / 도착　　　　　2) にもつ / 짐

　　　3) あんない / 안내　　　　　4) がいしゅつ / 외출

　　　5) げんかん / 현관

02 　1) ③　　　　　　　　　　　2) ②

　　　3) ②

03 　1) お開(あ)け下(くだ)さい。

　　　2) お決(き)め下(くだ)さい。

　　　3) お 変(か)え下(くだ)さい。

04 　1) ようこそロッテホテルへお越し下さいました。

　　　2) 只今ベルマンがご案内致しますので、

　　　3) このカードを運転手にお見せ下さいませ。

05 　1) お荷物を お持ち致します。

　　　2) 少々お待ち下さい。

　　　3) どちらまでいらっしゃいますか。

06 　1) ×　　　　　　　　　　2) ○

01 　1) しゅっこくび / 출국일　　2) ひづけ / 날짜

　　　3) なまえ / 이름, 성명　　　4) せいねんがつび / 생년월일

　　　5) ごうしつ / 호실

02 　1) ②　　　　　　　　　　　2) ④

　　　3) ①

03 　1) 読(よ)まなくてもいいですか。

　　　2) 話(はな)さなくてもいいですか。

3) 立(た)たなくてもいいですか。

04　1) 日程_{にってい}がかわり、もう一日_{いちにち}泊_とまりたいんですが。

　　2) 出国日_{しゅっこくび}は未定_{みてい}なので、書_かかなくてもいいですか。

　　3) ベルマンがお部屋_{へや}までご案内_{あんないいた}致します。

05　1) チェックインをお願_{ねが}いします。

　　2) 日程_{にってい}がかわり、もう一日_{いちにち}泊_とまりたいんですが。

　　3) ベルマンがお部屋_{へや}までご案内_{あんないいた}致します。

06　1) ×　　　　　　　　　2) ×

| 7과 | お荷物_{にもつ}をお持_もち致_{いた}します。 |

01　1) にこ / 두 개　　　　　2) はっかい / 8층
　　3) きゃくしつ / 객실　　　4) かんこく / 한국
　　5) へや / 방

02　1) ②　　　　　　　　　2) ①
　　3) ②

03　1) 高(たか)くありませんか。
　　2) 軽(かる)くありませんか。
　　3) 広(ひろ)くありませんか。

04　1) エレベーターはこちらでございます。

　　2) 韓国_{かんこく}には初_{はじ}めてでいらっしゃいますか。

　　3) お荷物_{にもつ}はこちらにおいておきます。

05　1) いらっしゃいませ。

　　2) エレベーターはこちらでございます。

　　3) お荷物_{にもつ}はこちらにおいておきます。

06　1) ×　　　　　　　　　2) ×

01 1) (とき) / 때　　　　　　　2) (つくえ) / 책상
　　3) (じどう) / 자동　　　　　4) (ちず) / 지도
　　5) (えいぎょうじかん) / 영업시간

02 1) ①　　　　　　　　　　　2) ④
　　3) ④

03 1) お歩(ある)きになる
　　2) お話(はなし)になる
　　3) お読(よ)みになる

04 1) 非常口はこちらとこちらの二ヵ所です。
　　2) 館内の営業時間はこちらに書いてあります。
　　3) ご用の際にはお呼び下さい。

05 1) エアコンのスイッチはこちらです。
　　2) 非常口はこちらとこちらの二ヵ所です。
　　3) ご用の際にはお呼び下さい。

06 1) ×　　　　　　　　　　　2) ×

---

01 1) ふたいしせつ / 부대시설　2) わしょく / 화식, 일식
　　3) ちか / 지하　　　　　　　4) ちゅうか / 중국식
　　5) かんこくりょうり / 한국요리

02 1) ②　　　　　　　　　　　2) ①
　　3) ④

03 1) なさる
　　2) いらっしゃる

3) おっしゃる

04 1) ほかにはどんな付帯施設(ふたいしせつ)がありますか。

2) こちらのホテルのご案内(あんない)をご覧下(らんくだ)さい。

3) こちらのホテルのご案内(あんない)をご覧下(らんくだ)さい。

05 1) いろいろなレストランがありますが。

2) 十八階(じゅうはっかい)にございます。

3) 詳(くわ)しくは、こちらのホテルのご案内(あんない)をご覧下(らんくだ)さい。

06 1) ×   2) ○

10과   私(わたし)が予約席(よやくせき)までご案内致(あんないいた)します。

01 1) ようしょくどう / 양식당   2) よやくせき / 예약석
    3) ふたり / 두 사람   4) わたし / 나, 저
    5) へや : 방

02 1) ②   2) ②
    3) ②

03 1) お書(か)きします。

2) お話(はなし)します。

3) お読(よ)みします。

04 1) さっき部屋(へや)から電話(でんわ)で予約(よやく)した田中(たなか)です。

2) お待(ま)ちしておりました。

3) 私(わたし)が予約席(よやくせき)までご案内致(あんないいた)します。

05 1) お待(ま)ちしておりました。

2) 私(わたし)が予約席(よやくせき)までご案内致(あんないいた)します。

3) こちらへどうぞ。

06 1) ×   2) ○

01 1) さかなりょうり / 생선요리　2) つぎ / 다음
　　 3) なに / 무엇　　　　　　　 4) ふたり / 두 사람
　　 5) -かた / - 법

02 1) ①　　　　　　　　　　　 2) ③
　　 3) ①

03 1) 使(つか)い方(かた)
　　 2) 食(た)べ方(かた)
　　 3) 読(よ)み方(かた)

04 1) お二人様(ふたりさま)ともオニオンスープでございますね。

　　 2) ステーキの焼(や)き方(かた)はどういたしましょうか。

　　 3) ドレッシングは何(なに)になさいますか。

05 1) メニューを見(み)せて下(くだ)さい。

　　 2) スープは何(なに)がよろしいでしょうか。

　　 3) 私(わたし)もそれにします。

06 1) ×　　　　　　　　　　　　 2) ○

01 1) ようい / 준비　　　　　 2) しょうしょう / 조금, 잠깐
　　 3) ただいま / 지금, 곧　　 4) (た)べる / 먹다 : 먹다
　　 5) (つめ)たい / 차다, 차갑다

02 1) ④　　　　　　　　　　　 2) ②
　　 3) ①

03 1) お書(か)きする
　　 2) お願(ねが)いする

3) お送(おく)りする

04 1) 何か冷たいものが食べたいんですが。

2) アイスクリームとシャーベットとどちらがお好みでございますか。

3) デザートはシャーベットお二つでございますね。

05 1) お下げしてもよろしいでしょうか。

2) デザートは何になさいますか。

3) 只今 用意致しますので、 少々お待ち下さいませ。

06 1) ×   2) ×

| 13과 | ルームサービスですか。 |

01 1) ちゅもん / 주문   2) じかん / 시간
   3) くだもの / 과일   4) やさい / 야채
   5) あと / 뒤, 후

02 1) ④   2) ③
   3) ③

03 1) 三分ほど掛かりますが。(さんぷん)

2) 八分ほど掛かりますが。(はっぷん)

3) 五十分ほど掛かりますが。(ごじゅっぷん)

04 1) サーロインステーキは 時間がどのくらい掛かりますか。

2) ステーキの焼き方はどう致しましょうか。

3) そのほかに何かご注文はございませんでしょうか。

05 1) もしもし、ルームサービスですか。

2) ステーキの焼き方はどう致しましょうか。

3) そのほかに何かご注文はございませんでしょうか。

06 1) ○ 2) ×

14과	ご注文の料理をお持ち致しました。

01 1) しつれい / 실례   2) ぼん / 쟁반
     3) いま / 지금   4) ろうか / 복도
     5) てすう / 수고, 애씀, 귀찮음

02 1) ②   2) ③
     3) ④

03 1) その人(ひと)
     2) あのレストラン
     3) どの会社(かいしゃ)

04 1) ご注文の料理をお持ち致しました。
     2) こちらにサインをお願い致します。
     3) このお盆を廊下に出しておいていただけませんか。

05 1) ご注文の料理をお持ち致しました。
     2) お待たせ致しました。
     3) それでは、失礼致します。

06 1) ×   2) ○

15과	お飲み物は何になさいますか。

01 1) なんめいさま / 몇 분   2) せき / 자리
     3) みず / 물   4) こおり / 얼음
     5) めいがら / 상품의 상표

02 1) ② 2) ①
　　 3) ③

03 1) 氷(こおり)だけでしょうか
　　 2) 牛乳(ぎゅうにゅう)だけでしょうか
　　 3) 果物(くだもの)だけでしょうか

04 1) こちらのお席(せき)でよろしいでしょうか。
　　 2) 氷(こおり)も入(い)れて下(くだ)さい。
　　 3) おつまみはどう致(いた)しましょうか。

05 1) 何名様(なんめいさま)でしょうか。
　　 2) お飲(の)み物(もの)は何(なに)になさいますか。
　　 3) おつまみはどう致(いた)しましょうか。

06 1) × 2) ×

| 16과 | モ-ニングコ-ルでございますね。 |

01 1) にかい / 2회 2) ろくじ / 6시
　　 3) あさ / 아침 4) じっぷん / 10분
　　 5) きぼう / 희망

02 1) ② 2) ④
　　 3) ②

03 1) 聞(き)きなさい
　　 2) 洗(あら)いなさい。
　　 3) 磨(みが)きなさい

04 1) 朝(あさ)電話(でんわ)で起(お)こしてもらいたいんですが。
　　 2) 六時(ろくじ)に起(お)こしてもらえますか。
　　 3) 六時(ろくじ)と六時十分(ろくじじっぷん)の二回(にかい)、電話(でんわ)が鳴(な)ります。

05 1) 朝電話で起こしてもらいたいんですが。

2) お部屋の番号と、希望のお時間をお願い致します。

3) お休みなさいませ。

06 1) ○   2) ×

17과 アメリカンブレックファーストをお願いします。

01 1) ちょうしょく / 조식   2) たまごりょうり / 계란요리
3) こうちゃ / 홍차   4) ちゅうもん / 주문
5) (み)る / 보다

02 1) ②   2) ③
3) ②

03 1) 紅茶(こうちゃ)にして下さい。

2) コーヒーにして下さい。

3) ロールパンにして下さい。

04 1) ジュースは何になさいますか。

2) コーヒーと紅茶とではどちらになさいますか。

3) ご注文をお伺い致します。

05 1) ジュースは何になさいますか。

2) たまご料理は何になさいますか。

3) 少々お待ち下さい。

06 1) ×   2) ○

01　1) なんめい / 몇 명　　　　2) さま /…씨, …님
　　3) せき / 자리　　　　　　4) ちゅうもん / 주문
　　5) ただいま / 지금, 곧

02　1) ②　　　　　　　　　2) ④
　　3) ③

03　1) 二人ですが、(ふたり)
　　2) 三人ですが、(さんにん)
　　3) 四人ですが、(よにん)

04　1) こちらで待ち合わせしているんです。
　　2) ご注文は何になさいますか。
　　3) アイスコーヒーとコーヒーフロートがございますが。

05　1) 何名様でしょうか。
　　2) こちらのお席でよろしいでしょうか。
　　3) ご注文は何になさいますか。

06　1) ○　　　　　　　　　2) ×

01　1) そうじ / 청소　　　　2) しつれい / 실례
　　3) しゅうりょう / 종료　　4) せっけん / 비누
　　5) くろう / 고생, 수고

02　1) ④　　　　　　　　　2) ④
　　3) ④

03　1) 何名様(なんめいさま)でしょうか。
　　2) どちらでしょうか。
　　3) どなたでしょうか。

04　1) 部屋の掃除に参りました。

　　2) せっけんとシャンプー、それからトイレットペーパーが足りません。

　　3) 掃除は終了致しました。

05　1) 部屋の掃除に参りました。

　　2) 失礼致します。

　　3) それでは、どうぞごゆっくりおくつろぎ下さい。

06　1) ×　　　　　　　　　　　　2) ×

20과	洗濯物をお持ち致しました。

01　1) (ひか)え / 영수증의 부본(副本)　　2) (な)らす / 울리다
　　3) せんたくもの / 세탁물　　　　　　4) しつれい / 실례
　　5) りよう / 이용

02　1) ①　　　　　　　　　　　　2) ④
　　3) ④

03　1) 先生(せんせい)になる
　　2) 高校生(こうこうせい)になる
　　3) 大学生(だいがくせい)になる

04　1) 洗濯物をお持ち致しました。

　　2) こちらにサインをお願い致します。

　　3) こちらがお客様の控えになります。

05　1) 洗濯物をお持ち致しました。

　　2) こちらにサインをお願い致します。

　　3) またご利用下さいませ。

06　1) ○　　　　　　　　　　　　2) ×

21과	洗濯物をお持ち致しました。

01 1) りょうがえ / 환전　　2) きにゅう / 기입
3) けいさん / 계산　　4) ほんじつ / 오늘, 금일
5) かくにん / 확인

02 1) ④　　　　　　　　2) ④
3) ③

03 1) 500,000ウォンになります。(ごじゅうまん)
2) 600,000ウォンになります。(ろくじゅうまん)
3) 700,000ウォンになります。(ななじゅうまん)

04 1) こちらの用紙にご記入いただけますか。
2) 50,000円をウォンに両替でございますね。
3) 本日のレートで400,000ウォンになります。

05 1) 両替をしてもらえますか。
2) こちらの用紙にご記入いただけますか。
3) お待たせ致しました。

06 1) ×　　　　　　　　2) ○

22과	チェックアウトをしたいのですが、

01 1) (かぎ) : 열쇠, 키　　2) (けいさん) : 계산
3) (ごうけい) : 합계　　4) (りょうしゅうしょう) : 영수증
5) (へや) : 방

02 1) ④　　　　　　　　2) ④
3) ④

03 1) はちじゅうよんまんウォン
2) にじゅうななまんウォン
3) ろくじゅうきゅうまんウォン

04 1) チェックアオトをしたいのですが、

2) お部屋の鍵をいただけますか。

3) どうもお世話になりました。

05 1) お部屋の鍵をいただけますか。

2) ただ今計算しております。

3) 円で払えますか。

06 1) ○   2) ×

1. 숫자 읽는 법 (1)

1	2	3	4	5
いち	に	さん	し (よん・よ)	ご

6	7	8	9	10
ろく	しち (なな)	はち	きゅう (く)	じゅう

2. 숫자 읽는 법 (2)

10	じゅう	100	ひゃく	1,000	せん	10,000	(いち)まん
20	にじゅう	200	にひゃく	2,000	にせん	20,000	にまん
30	さんじゅう	300	さんびゃく	3,000	さんぜん	30,000	さんまん
40	よんじゅう	400	よんひゃく	4,000	よんせん	40,000	よんまん
50	ごじゅう	500	ごひゃく	5,000	ごせん	50,000	ごまん
60	ろくじゅう	600	ろっぴゃく	6,000	ろくせん	60,000	ろくまん
70	ななじゅう しちじゅう	700	ななひゃく	7,000	ななせん しちせん	70,000	ななまん しちまん
80	はちじゅう	800	はっぴゃく	8,000	はっせん	80,000	はちまん
90	きゅうじゅう	900	きゅうひゃく	9,000	きゅうせん	90,000	きゅうまん

3. 「일본 고유 수사」로 읽는 법

하나	둘	셋	넷	다섯
ひと 一つ	ふた 二つ	みっ 三つ	よっ 四つ	いつ 五つ

여섯	일곱	여덟	아홉	열
むっ 六つ	なな 七つ	やっ 八つ	ここの 九つ	とお 十

※ 고유어는 「열(とお)」까지 밖에 없다.

4. 「시(時)」표현 (~じ)

1시 一時	2시 二時	3시 三時	4시 四時	5시 五時
いち じ	に じ	さん じ	よ じ	ご じ

6시 六時	7시 七時	8시 八時	9시 九時	10시 十時
ろく じ	しち じ	はち じ	く じ	じゅう じ

11시 十一時	12시 十二時	몇 시 何時
じゅういち じ	じゅうに じ	なん じ

5. 「분(分)」표현 (~ふん)

1분 一分	2분 二分	3분 三分	4분 四分	5분 五分
いっ ぷん	に ふん	さん ぷん	よん ぷん	ご ふん

6분 六分	7분 七分	8분 八分	9분 九分	10분 十分
ろっ ぷん	なな ふん しち ふん	はっぷん はち ふん	きゅう ふん	じゅっぷん じっぷん

20분 二十分	30분 三十分	40분 四十分	50분 五十分	60분 六十分
にじゅっ ぷん	さんじゅっぷん さんじっぷん	よんじゅっ ぷん	ごじゅっ ぷん	ろくじゅっ ぷん

몇 분 何分
なん ぷん

※「じゅっぷん」을「じっぷん」이라고도 읽는다.

6. 「초(秒)」표현 (~びょう)

1초 一秒	2초 二秒	3초 三秒	4초 四秒	5초 五秒
いち びょう	に びょう	さん びょう	よん びょう	ご びょう

6초 六秒	7초 七秒	8초 八秒	9초 九秒	10초 十秒
ろく びょう	なな びょう	はち びょう	きゅう びょう	じゅう びょう

20초 二十秒	30초 三十秒	40초 四十秒	50초 五十秒	60초 六十秒
にじゅう びょう	さんじゅう びょう	よんじゅう びょう	ごじゅう びょう	ろくじゅう びょう

몇 초 何秒
なん びょう

7. 「년(年)」표현 (~ねん)

1년 一年	2년 二年	3년 三年	4년 四年	5년 五年
いち ねん	に ねん	さん ねん	よ ねん	ご ねん

6년 六年	7년 七年	8년 八年	9년 九年	10년 十年
ろく ねん	しち ねん	はち ねん	きゅうねん くねん	じゅう ねん

몇 년 何年
なん ねん

8. 「월(月)」표현 (~がつ)

1월 一月 いち がつ	2월 二月 に がつ	3월 三月 さん がつ	4월 四月 し がつ	5월 五月 ご がつ	6월 六月 ろく がつ

7월 七月 しち がつ	8월 八月 はち がつ	9월 九月 く がつ	10월 十月 じゅう がつ	11월 十一月 じゅういち がつ	12월 十二月 じゅうに がつ

몇 월 何月 なん がつ

9. 「일(日)」표현 (~にち)

1일부터 10일까지, 그리고 14, 20, 24일은 일본 고유의 말로 나타낸다.
11 뒤부터 「~にち」를 붙이면 된다.

1일 一日 ついたち	2일 二日 ふつか	3일 三日 みっか	4일 四日 よっか	5일 五日 いつか

6일 六日 むいか	7일 七日 なのか	8일 八日 ようか	9일 九日 ここのか	10일 十日 とおか

11일 十一日 じゅういち にち	12일 十二日 じゅうに にち	13일 十三日 じゅうさん にち	14일 十四日 じゅう よっか	15일 十五日 じゅうご にち

16일 十六日 じゅうろく にち	17일 十七日 じゅうしち にち	18일 十八日 じゅうはち にち	19일 十九日 じゅうく にち	20일 二十日 はつか

21일	22일	23일	24일	25일
二十一日	二十二日	二十三日	二十四日	二十五日
にじゅういち **にち**	にじゅうに **にち**	にじゅうさん **にち**	にじゅう **よっか**	にじゅうご **にち**

26일	27일	28일	29일	30일
二十六日	二十七日	二十八日	二十九日	三十日
にじゅうろく **にち**	にじゅうしち **にち**	にじゅうはち **にち**	にじゅうく **にち**	さんじゅう **にち**

31일	몇 일
三十一日	何日
さんじゅういち **にち**	なん にち

※ 날짜를 읽을 때 4日(よっか)과 8日(ようか)의 발음 주의.

10. 「주간(週間)」표현 (~しゅうかん)

1주간	2주간	3주간	4주간	5주간
一週間	二週間	三週間	四週間	五週間
いっ しゅうかん	に しゅうかん	さん しゅうかん	よん しゅうかん	ご しゅうかん

6주간	7주간	8주간	9주간	10주간
六週間	七週間	八週間	九週間	十週間
ろく しゅうかん	なな しゅうかん	はっ しゅうかん	きゅう しゅうかん	じゅっ しゅうかん

몇 주간
何週間
なん しゅうかん

11. 「개월(か月)」표현 (~かげつ)

1개월 一か月	2개월 二か月	3개월 三か月	4개월 四か月	5개월 五か月
いっ かげつ	に かげつ	さん かげつ	よん かげつ	ご かげつ

6개월 六か月	7개월 七か月	8개월 八か月	9개월 九か月	10개월 十か月
ろっ かげつ	なな かげつ	はっ かげつ	きゅう かげつ	じゅっ かげつ

몇 개월 何か月
なん かげつ

12. 「요일(曜日)」표현 (~ようび)

월요일 月曜日	화요일 火曜日	수요일 水曜日	목요일 木曜日
げつ ようび	か ようび	すい ようび	もく ようび

금요일 金曜日	토요일 土曜日	일요일 日曜日	무슨 요일 何曜日
きん ようび	ど ようび	にち ようび	なん ようび

※ 일본에서는 「にちよう・げつよう…」식으로 「び(日)」를 빼고 말하기도 한다.

13. 「사람을 셀 때 쓰는」 표현 (~にん)

「한 사람」 「두 사람」 의 경우에는 특별한 읽기 「一人(ひとり), 二人(ふたり)」 를 하는 점이다.

나머지는 일본어 숫자 읽기에 「~人(にん)」 을 붙여 말하면 된다.

한 사람 一人	두 사람 二人	세 사람 三人	네 사람 四人	다섯 사람 五人
ひとり	ふたり	さん にん	よ にん	ご にん

여섯 사람 六人	일곱 사람 七人	여덟 사람 八人	아홉 사람 九人	열 사람 十人
ろく にん	しち にん	はち にん	きゅう にん	じゅう にん

열 한 사람 十一人	몇 사람 何人
じゅういち にん	なん にん

14. 「층(階)」 세는 표현 (~かい)

일층 一階	이층 二階	삼층 三階	사층 四階	오층 五階
いっ かい	に かい	さん がい	よん かい	ご かい

육층 六階	칠층 七階	팔층 八階	구층 九階	십층 十階
ろっ かい	なな<u>かい</u> しち<u>かい</u>	はっ かい	きゅう かい	じっ かい

몇 층 何階
なん がい

15. 「가늘고 길쭉한 것(병, 연필, 만년필, 담배, 나무)」등을 세는 표현 (~ほん)

한 병 一本	두 병 二本	세 병 三本	네 병 四本	다섯 병 五本
いっ ぽん	に ほん	さん ぽん	よん ほん	ご ほん

여섯 병 六本	일곱 병 七本	여덟 병 八本	아홉 병 九本	열 병 十本
ろっぽん	なな ほん	はっ ぽん	きゅう ほん	じっ ぽん

열한 병 十一本	몇 병 何本
じゅういっ ぽん	なん ぽん

16. 「잔 컵 등에 담긴 물, 음료수, 술」등을 세는 표현 (~はい)

한 잔 一杯	두 잔 二杯	세 잔 三杯	네 잔 四杯	다섯 잔 五杯
いっ ぱい	に はい	さん ばい	よん<u>はい</u> し<u>はい</u>	ご はい

여섯 잔 六杯	일곱 잔 七杯	여덟 잔 八杯	아홉 잔 九杯	열 잔 十杯
ろっ ぱい	なな<u>はい</u> しち<u>はい</u>	はっ ぱい	きゅう はい	じっ ぱい

몇 잔 何杯
なん ばい

17. 「얄팍하고 편편한 것(종이, 판자, 접시, 셔츠 등)」등을 세는 표현 (~まい)

한 장 一枚	두 장 二枚	세 장 三枚	네 장 四枚	섯 장 五枚
いち まい	に まい	さん まい	よんまい よまい	ご まい

여섯 장 六枚	일곱 장 七枚	여덟 장 八枚	아홉 장 九枚	열 장 十枚
ろく まい	なな<u>まい</u> しち<u>まい</u>	はち まい	きゅうまい く<u>まい</u>	じゅう まい

몇 장 何枚
なん まい

18. 「사물의 개수」를 세는 표현 (~こ)

한 개 一個	두 개 二個	세 三個	네 개 四個	다섯 개 五個
いっ こ	に こ	さん こ	よん こ	ご こ

여섯 개 六個	일곱 개 七個	여덟 개 八個	아홉 개 九個	열 개 十個
ろっ こ	なな<u>こ</u> しち<u>こ</u>	はっ こ	きゅう こ	じっ こ

몇 개 何個
なん こ

19. 「큰 짐승」을 세는 표현 (~とう)

한 마리 一頭	두 마리 二頭	세 마리 三頭	네 마리 四頭	다섯 마리 五頭
いっ とう	に とう	さん とう	よん とう	ご とう

여섯 마리 六頭	일곱 마리 七頭	여덟 마리 八頭	아홉 마리 九頭	열 마리 十頭
ろく とう	なな<u>とう</u> しち<u>とう</u>	はっ とう	きゅう とう	じっ とう

몇 마리 何頭
なん とう

20. 「새」를 세는 표현 (~わ)

한 마리 一羽	두 마리 二羽	세 마리 三羽	네 마리 四羽	다섯 마리 五羽
いち わ	に わ	さん ば	よん<u>わ</u> し<u>わ</u>	ご わ

여섯 마리 六羽	일곱 마리 七羽	여덟 마리 八羽	아홉 마리 九羽	열 마리 十羽
ろく<u>わ</u> ろっ<u>ぱ</u>	なな<u>わ</u> しち<u>わ</u>	はち わ	く<u>わ</u> きゅう<u>わ</u>	じっ ぱ

몇 마리 何羽
なん ば

21. 「작은 짐승, 물고기, 곤충 」등을 세는 표현 (~ひき)

한 마리 一匹	두 마리 二匹	세 마리 三匹	네 마리 四匹	다섯 마리 五匹
いっ ぴき	に ひき	さん びき	よんひき しひき	ご ひき

여섯 마리 六匹	일곱 마리 七匹	여덟 마리 八匹	아홉 마리 九匹	열 마리 十匹
ろっ ぴき	ななひき しちひき	はっ ぴき	きゅう ひき	じっ ぴき

몇 마리 何匹
なん ぴき

22. 「기계류(TV, 전화, 자동차 등)」을 세는 표현 (~だい)

한 대 一台	두 대 二台	세 대 三台	네 대 四台	다섯 대 五台
いち だい	に だい	さん だい	よんだい よだい	ご だい

여섯 대 六台	일곱 대 七台	여덟 대 八台	아홉 대 九台	열 대 十台
ろく だい	ななだい しちだい	はち だい	きゅう だい	じゅう だい

몇 대 何台
なん だい

23. 「신발, 양말」을 세는 표현 (~そく)

한 켤레 一足	두 켤레 二足	세 켤레 三足	네 켤레 四足	다섯 켤레 五足
いっ そく	にそく	さん ぞく	よん そく	ご そく

여섯 켤레 六足	일곱 켤레 七足	여덟 켤레 八足	아홉 켤레 九足	열 켤레 十足
ろく そく	ななそく しちそく	はっ そく	きゅう そく	じっ そく

몇 켤레 何足
なん ぞく

24. 「책, 노트, 잡지」을 세는 표현 (~さつ)

한 권 一冊	두 권 二冊	세 권 三冊	네 권 四冊	다섯 권 五冊
いっ さつ	に さつ	さん さつ	よん さつ	ご さつ

여섯 권 六冊	일곱 권 七冊	여덟 권 八冊	아홉 권 九冊	열 권 十冊
ろく さつ	ななさつ しちさつ	はっ さつ	きゅう さつ	じっ さつ

몇 병 何冊
なん さつ

25. 「나이」를 세는 표현 (~さい)

한 살 一歳	두 살 二歳	세 살 三歳	네 살 四歳	다섯 살 五歳
いっ さい	に さい	さん さい	よん さい	ご さい

여섯 살 六歳	일곱 살 七歳	여덟 살 八歳	아홉 살 九歳	열 살 十歳
ろく さい	なな さい	はっ さい	きゅう さい	じゅっ さい

몇 살 何歳
なん<u>さい</u>
おいくつ

※ 열한 살부터는 숫자로만 말한다.

今年(ことし) おいくつですか。

四十(よんじゅう)です。

三十五歳(さんじゅうごさい)です。

※ 20세 : 二十歳(はたち)

26. 「인분(人分)」을 세는 표현 (~まえ)

일인분 一人前	이인분 二人前	삼인분 三人前	사인분 四人前	오인분 五人前
いち にんまえ	に にんまえ	さん にんまえ	よ にんまえ	ご にんまえ

육인분 六人前	칠인분 七人前	팔인분 八人前	구인분 九人前	십인분 十人前
ろく にんまえ	しち にんまえ	はち にんまえ	きゅう にんまえ	じゅう にんまえ

몇 인분 何人前
なん にんまえ

27. 「페이지」를 세는 표현 (~ペ-ジ)

일페이지 一 ペ-ジ	이페이지 二 ペ-ジ	삼페이지 三 ペ-ジ	사페이지 四 ペ-ジ	오페이지 五 ペ-ジ
いっ ペ-ジ	に ペ-ジ	さん ペ-ジ	よん ペ-ジ	ご ペ-ジ

육페이지 六 ペ-ジ	칠페이지 七 ペ-ジ	팔페이지 八 ペ-ジ	구페이지 九 ペ-ジ	십페이지 十 ペ-ジ
ろく ペ-ジ	なな ペ-ジ	はち ペ-ジ	きゅう ペ-ジ	じゅっ ペ-ジ

몇 페이지 何 ペ-ジ
なん ペ-ジ

28. 「회」를 세는 표현 (~かい)

일회 一回	이회 二回	삼회 三回	사회 四回	오회 五回
いっ かい	に かい	さん かい	よん かい	ご かい

육회 六回	칠회 七回	팔회 八回	구회 九回	십회 十回
ろっ かい	なな かい	はっ かい	きゅう かい	じゅっ かい

몇 회 何回
なん かい

29. 「때」를 나타내는 표현

進行	日	週	月	年
과거	그저께 一昨日 おととい	지지난주 先々週 せんせんしゅう	지지난달 先先月 せんせんげつ	제작년 一昨年 おととし
	어제 昨日 きのう	지난주 先週 せんしゅう	지난달 先月 せんげつ	작년 去年 きょねん
현재	오늘 今日 きょう	이번주 今週 こんしゅう	이번달 今月 こんげつ	금년 今年 ことし
미래	내일 明日 あした	다음주 来週 らいしゅう	다음달 来月 らいげつ	내년 来年 らいねん
	모레 明後日 あさって	다다음주 再来週 さらいしゅう	다다음달 再来月 さらいげつ	2년후 再来年 さらいねん

30. 「계절(季節)」표현

봄 春	여름 夏	가을 秋	겨울 冬
はる	なつ	あき	ふゆ

31. 「동서남북(東西南北)」표현

	東	西	南	北
훈독	동쪽 ひがし	서쪽 にし	남쪽 みなみ	북쪽 きた
음독	동 とう	서 せい	남 なん	북 ほく

32. 언제

오전 午前 ごぜん		오후 午後 ごご	
아침 朝 あさ	낮 昼 ひる	저녁 . 밤 夜 . 晩 よる . ばん	

33. 인칭대명사

わたし　　(나)	あなた　　(당신)
この ひと (이사람)	この かた (이분)
だれ　　　(누구)	どなた　　(어느 분)

34. 지시대명사

	근 칭	중 칭	원 칭	부 정 칭
사물	これ　(이것)	それ　(그것)	あれ　(저것)	どれ　(어느 것)
장소	ここ　(여기)	そこ　(거기)	あそこ (저기)	どこ　(어디)
방향	こちら (이쪽)	そちら (그쪽)	あちら (저쪽)	どちら (어느 쪽)

35. 「가족호칭」표현

낮춤말 (겸양어)	의 미	높임말 (존대어)
祖父(そふ)	할아버지	おじいさん
祖母(そぼ)	할머니	おばあさん
おじ	아저씨	おじさん
おば	아주머니	おばさん
父(ちち)	아버지	お父(とう)さん
母(はは)	어머니	お母(かあ)さん
両親(りょうしん)	양친	御両親(ごりょうしん)
主人(しゅじん) 夫(おっと)	남편	御主人(ごしゅじん)
家内(かない)妻(つま)	부인	奥(おく)さん
兄(あに)	형, 오빠	お兄(にい)さん
姉(あね)	누이, 언니	お姉(ねえ)さん
弟(おとうと)	남동생	弟(おとうと)さん
妹(いもうと)	여동생	妹(いもうと)さん
兄弟(きょうだい)	형제	御兄弟(ごきょうだい)
息子(むすこ)	아들	息子(むすこ)さん
娘(むすめ)	딸	娘(むすめ)さん
おい	남자 조카	おいごさん
めい	여자 조카	めいごさん
いとこ	사촌	いとこのかた
親戚(しんせき) 親類(しんるい)	친척	御親戚(ごしんせき) 御親類(ごしんるい)
家族(かぞく)	가족	御家族(ごかぞく)

※ 일본어에서는 타인에게 자기 가족을 말할 때, 경어를 쓰지 않는다.

성씨 표기 법

1. 한국 성씨(姓氏) 표기 법

강(姜) カン	석(石) ソク	인(印) イン
강(康) カン	선(宣) ソン	임(林) イム
고(高) コ	설(薛) ソル	임(任) イム
공(孔) コン	성(成) ソン	장(張) チャン
곽(郭) クァク	소(蘇) ソ	전(全) チョン
구(具) ク	손(孫) ソン	전(田) チョン
권(權) クォン	송(宋) ソン	정(丁) チョン
금(琴) クム	신(愼) シン	정(鄭) チョン
기(奇) キ	신(申) シン	제(諸) チェ
길(吉) キル	신(辛) シン	조(曺) チョ
김(金) キム	심(沈) シム	조(趙) チョ
나(羅) ナ	안(安) アン	주(周) チュ
남(南) ナム	양(梁) ヤン	주(朱) チュ
노(盧) ノ	양(楊) ヤン	지(池) チ
노(魯) ノ	엄(嚴) オム	진(秦) チン
도(都) ト	여(呂) ヨ	진(陳) チン
마(馬) マ	연(延) ヨン	차(車) チャ
맹(孟) メン	염(廉) ヨム	채(蔡) チェ
명(明) ミョン	오(吳) オ	천(千) チョン
문(文) ムン	옥(玉) オク	최(崔) チェ
민(閔) ミン	왕(王) ワン	추(秋) チュ
박(朴) パク	우(愚) ウ	탁(卓) タク
반(潘) パン	원(元) ウォン	표(表) ピョ
방(房) パン	위(魏) ウィ	하(河) ハ
방(方) パン	유(劉) ユ	한(韓) ハン
배(裵) ペ	유(柳) ユ	함(咸) ハム
백(白) ペク	유(兪) ユ	허(許) ホ
변(卞) ピョン	육(陸) ユク	현(玄) ヒョン
변(邊) ピョン	윤(尹) ユン	홍(洪) ホン
서(徐) ソ	이(李) イ	황(黃) ファン

성씨와 이름을 구분하기 위해 「·」이나 「-」을 표기하고 한자를 함께 표기하면 좋다.

(예) 김선일 → キム·ソンイル(金善一)　　류현진 → リュ·ヒョンジン(柳賢振)
　　 박인비 → パク·インビ(朴仁妃)　　　손흥민 → ソン·フンミン(孫興民)
　　 윤심덕 → ユン·シムドク(尹心悳)　　이재용 → イ·ジェヨン(李在鎔)
　　 장하성 → チャン·ハソン(張夏成)　　최선희 → チェ·ソンヒ(崔善姬)

2. 일본 성씨(姓氏) 표기 법

메이지시대(明治時代 めいじじだい) 이전에는 무사나 귀족 등 지배계급만 성을 가질 수 있었다. 메이지정부는 전 국민이 성을 갖도록 하고 한 번 만든 성을 바꾸지 못하도록 하였다. 이에 따라 평민들도 성을 가지게 되어 새로운 성이 많이 생겨났는데 그중 70% 이상이 지명(地名)이나 지형(地形)에서 유래하였다.

加藤(かとう)	美島(みしま)	野村(のむら)
角(すみ)	服部(はっとり)	遠藤(えんどう)
岡田(おかだ)	福田(ふくだ)	原田(はらだ)
高橋(たかはし)　(3)	北田(きただ)	伊藤(いとう)
古田(ふるだ)	山崎(やまざき)	長谷川(はせがわ)
関口(せきぐち)	山本(やまもと)	長島(ながしま)
橋本(はしもと)	山田(やまだ)	長井(ながい)
久保田(くぼだ)	山田(やまだ)	斎藤(さいとう)
菊地(きくち)	山村(やまむら)	田原(たはら)
近藤(こんどう)	山下(やました)	田中(たなか)　(4)
今井(いまい)	杉田(すぎだ)	田村(たむら)
今村(いまむら)	森田(もりだ)	井上(いのうえ)
吉田(よしだ)	上野(うえの)	早川(はやかわ)
吉川(よかわ)	上原(うえはら)	佐藤(さとう)　(1)
吉村(よしむら)	上村(うえむら)	佐々木(ささき)
金山(かねやま)	石原(いしはら)	酒井(さかい)
金子(かねこ)	石井(いしい)	中島(なかじま)
金田(かねだ)	石川(いしかわ)	中川(なかがわ)
南(みなみ)	石沢(いしざわ)	中村(なかむら)
内田(うちだ)	小林(こばやし)	津田(つだ)
大山(おおやま)	小野(おの)	清水(しみず)
徳山(とくやま)	小川(おがわ)	村上(むらかみ)
島田(しまだ)	小沢(おざわ)	土井(どい)
藤田(ふじだ)	松本(まつもと)	樋口(ひぐち)
落合(おちあい)	松下(まつした)	平田(ひらだ)
鈴木(すずき)　(2)	水谷(みずたに)	戸田(とだ)
柳(やなぎ)	神田(かんだ)	和田(わだ)

柳田(やなぎだ)	新井(あらい)	丸山(まるやま)
林(はやし)	深田(ふかだ)	横山(よこやま)
木村(きむら)	安部(あべ)	黒田(くろだ)
木下(きのした)	安田(やすだ)	黒沢(くろさわ)

※ (1)(2)(3)(4) 일본에 많은 성(姓) 순서

일본한자 1,800

우리나라 한자와 일본 한자의 차이점은 우리나라의 한자는 번자(繁字 고대 중국의 정자)를 그대로 사용하는데 반해 일본의 한자들은 신자체(新字體)로 쓰여 져 있다. 이러한 신자체는 우리가 쓰는 번자와 다소 다른 점이 있다. 신자체 한자는 우리나라의 한자와 대부분 일치하지만 **번자를 간략하게 한 약자(略字)**와 **일본에서 만들어진 국자(國字)**를 포함하고 있기 때문이다.

1 「약자(略字)」에는 여러 가지 패턴이 있다.

(1) 한자의 일부를 생략한 경우

絲 → 糸　壓 → 圧　藝 → 芸　聲 → 声　豫 → 予
應 → 応　醫 → 医　點 → 点　號 → 号　餘 → 余

(2) 한자의 일부를 간단히 고친 경우

假 → 仮　佛 → 仏　經 → 経　廣 → 広　區 → 区
國 → 国　氣 → 気　眞 → 真　對 → 対　圖 → 図
兩 → 両　學 → 学　龍 → 竜　會 → 会　畵 → 画

(3) 한자의 전부를 바꾼 경우

雙 → 双　缺 → 欠　舊 → 旧　竝 → 並　臺 → 台
萬 → 万　體 → 体　辨 → 弁　圓 → 円　與 → 与

(4) 한자의 점획을 생략하거나 합친 경우

者 → 者　歷 → 歴　德 → 徳　溫 → 温　黑 → 黒
壯 → 壮　騷 → 騒　專 → 専　贊 → 賛　淺 → 浅

(5) 한자의 행서체를 기준으로 바꾼 경우

爲 → 為　壽 → 寿　當 → 当　盡 → 尽　數 → 数

2 「국자(國字)」는 음(소리)과 훈(뜻)의 유무에 따라 나눌 수 있다.

(1) 음과 훈이 둘 다 있는 한자

働 (はたらく － どう)　畠 (はたけ － はく)

(2) 훈만 있는 한자

畑 (はた)　　俥 (くるま)　　凩 (こがらし)
峠 (とうげ)　榊 (さかき)　　鰯 (いわし)
鱈 (たら)　　辻 (つじ)　　　匂 (におい)
辷 (すべる)　込 (こむ)　　　丼 (どんぶり)

(3) 음만 있는 한자

腺 (せん)　　鋲 (びょう)　　塀 (へい)　　燗 (かん)

이러한 점을 주의한다면 우리나라 한자와 일본 한자를 구분할 수 있겠지만, 우리나라 한자에도 다른 나라(중국, 대만, 일본)에 없는 한자가 있다.

3 옛날 인명과 지명에 많이 사용된 우리나라에서 만든 한자

(1) 형성자(形聲字)로 만든 한자

艍 (거 : 나룻배)　食+扁 (편 : 떡)
梯 (비 : 사다리)　獷 (광 : 고양이)
垈 (대 : 터)　　　媤 (시 : 시집)

(2) 회의자(會意字)로 만든 한자

畓 (답 : 논)　　　　旕 　 (화 : 대구)

巭 (부 : 공부)　　　　嫐 　 (남 : 오라비)

(3) 기존한자에 한글 받침소리를 더한 한자(합자)

巪　　　 (걱 : 巨+ㄱ음)　　　 乭　　　 (돌 : 石+ㄹ음)

斜+ㄴ　 (산 : 斜+ㄴ음)　　　 老+ㅁ 　(놈 : 老+ㅁ음)

高+巴 　(곱 : 高+ㅂ음)　　　 斗+ㅇ 　(둥 : 斗+ㅇ음)

仇+叱 　(굿 : 仇+ㅅ(ㄷ,ㅌ,ㅈ,ㅊ과 동일)음)

課 과목 --
科 과목 しな
過 지날 すぎる
戈 창 ほこ
瓜 오이 うり
誇 자랑할 ほこる
寡 적을 すくない

【곽】
郭 성곽 くるわ

【관】
官 벼슬 つかさ
觀 볼,보다 みる
関 관계할 せき
館 집 やかた
管 대롱 くだ
貫 꿰뚫을 つらぬく
慣 익숙할 なれる
冠 갓 かんむり
寛 너그러울 ひろい

【광】
光 빛 はかり
広 넓을 ひろい (↔廣)
鉱 쇳돌 あらがね

【패】
掛 걸,걸다 かける

【괴】
塊 덩어리 かたまり
愧 부끄러워할 はじる
怪 괴이할 あやしい
壊 깨뜨릴 こわす

【교】
交 사귈 まじわる
校 학교 --
橋 다리 しあし
教 가르칠 おしえる
郊 들,들판 こう
較 견줄 くらべる
巧 공교할,교묘할 たくみ
矯 바로잡을 ためる

【구】
九 아홉 ここのつ
口 입 くち
求 구할 もとめる
救 구원할 すくう
究 궁구,연구할 きわめる
久 오랠 ひさしい
句 글귀 く
旧 예,옛 ふるい (↔舊)
具 갖출 そなわる
倶 함께 ともに
区 구역 しきる (↔區)
駆 몰,몰다 かる
鴎 갈매기 かもめ
苟 진실로 いやしくも
拘 거리낄 かかわる
狗 개 いぬ
丘 언덕 おか
懼 두려워할 おそれる
亀 땅이름(거북귀,터질균)
構 꾸밀,만들 かまえる
球 구슬 たま

【국】
国 나라 くに (↔國)
菊 국화 きく
局 판 きょく

【군】
君 임금 きみ
郡 고을 こおり
軍 군사 いくさ
群 무리 むれ

【굴】
屈 굽을 かがむ

<< 궁 >>
弓 활 ゆみ
宮 집 きゅう,ぐう
窮 궁할 きわまる

【권】
巻 책 まき,まく
権 권세 --
勧 권할 すすめる
券 문서 てがた
拳 주먹 こぶし

【궐】
厥 그 その

【귀】
貴 귀할 かっとい
帰 돌아올 かえる
鬼 귀신 な

【규】
叫 부르짖을 さけぶ
規 법 のり
閨 안방 ねや

【균】
均 고를,똑같이 ひとしい
菌 버섯 きのこ

【극】
極 다할 きわめる
克 이길 かつ,よく
劇 극 げき,はけしい

【근】
近 잴,재다 はかる
勤 부지런할 つとめる
根 뿌리 ね
斤 근 きん
僅 겨우 わずか
謹 삼갈 つつしむ

【금】
金 쇠 きん,かね
今 이제,지금 いま
禁 금할 --
錦 비단 にしき
禽 날짐승 とり
琴 거문고 こと

【급】
及 미칠 およぶ
給 줄,주다 たまう

急 급할 いそぐ,きゅう
級 등급 しな

【긍】
肯 즐길 うべなう

【기】
己 몸 おのれ
記 기록할 しるす
起 일어날 おきる
其 그 その
期 기약 き,ご
基 터 もとい
気 기운 き,け (↔氣)
技 재주 わざ
幾 몇 いくばく
既 이미 すでに
紀 벼리,표시 しるす
忌 꺼릴 いむ
旗 기,깃발 はた
欺 속일 あざむく
奇 기이할 き
騎 말탈 のる
寄 부칠 よる
豈 어찌 あに
棄 버릴 すてる
企 꾀할,세울 くわだてる
畿 경기 --
飢 굶주릴 うえる
器 그릇 うつわ
機 베틀 はた

【긴】
繁 긴요할 しめる

【길】
吉 길할 よい

【나】
那 어째서,왜 なんぞ

【낙】
諾 대답할 うべなう

【난】
暖 따뜻할 あたたかい
難 어려울 むずかしい

【남】
南 남녘 みなみ
男 사나이 おとこ

【납】
納 바칠,넣을 おさめる

【낭】
娘 계집 むすめ

【내】
内 안 うち
乃 즉,그래서 すなわち
奈 어째서 いかん
耐 견딜,참다 たえる

【녀】
女 계집 おんな,め

【년】

年 해,나이 とし

【 념 】
念 생각 おもう

【 녕 】
寧 편안할 やすらか

<< 노 >>
怒 성낼 おこる
奴 종,노비 やっこ
努 힘쓸 つとめる

<< 농 >>
農 농사 のう
濃 짙을 こい

<< 뇌 >>
脳 머릿골 のうみそ
悩 괴로워할 なやむ

<< 능 >>
能 재능,할수있다 あたう

<< 니 >>
泥 진흙 どろ

<< 다 >>
多 많을 おおい
茶 차 ちゃ,さ

<< 단 >>
丹 붉을 あかい
但 다만 ただし
単 홑,홑띠 ひとえ
短 짧을 みじかい
端 끝 はし
旦 아침 あした,あさ
段 층계 だん
壇 제터,단 だん
檀 박달나무 まゆみ
断 끊을 たつ
団 모일 かたまり

<< 달 >>
達 통달 たつ

<< 담 >>
談 말씀,말할 かた(話)る
淡 묽을 あわい
潭 못 たん
担 멜짊어질,떠맡을 になう

<< 답 >>
答 대답할 こたえる
畓 논 --
踏 밟을 ふな

<< 당 >>
堂 집 どう
当 마땅할 あたる (↔當)
唐 당나라 から
糖 설탕 とう
党 무리 --

<< 대 >>
大 큰 おおさい
代 대,대신 かわる

待 대할,기다릴 まつ
対 대할 こたえる (↔對)
帯 띠,띠다 おび
台 받침,전각 うてな (↔臺)
貸 빌릴 かす
隊 떼,무리 --

<< 덕 >>
徳 덕 とく (↔德)

<< 도 >>
刀 칼 かたな
到 이를 いたる
度 법도 たび,のり
道 길 みち
島 섬 しま
徒 무리 と
都 도읍 みやこ
図 그림 はかる (↔圖)
倒 넘어질 たおれろ
挑 돈울 いどむ
桃 복숭아 もも
跳 뛸,뛰다 とぶ
逃 달아날 にげる
渡 건널 わたる
陶 질그릇 すえ
途 길 みち
稲 벼 いね
導 인도할 みちびく
盗 도둑 ぬすむ

<< 독 >>
読 읽을 よむ
独 홀로 ひとり
毒 독 どく
督 감독할 ただす
篤 두터울 あつい

<< 돈 >>
豚 돼지 ぶた
敦 도타울 あつい

<< 돌 >>
突 부딪힐 つく

<< 동 >>
同 한가지,같을 あなじ
洞 골 ほら
童 아이 わらべ
冬 겨울 ふゆ
東 동녘 ひがし
動 움직일 うごく
銅 구리 あかがね
桐 오동 きり
凍 얼,얼다 こおる

<< 두 >>
斗 말 --
豆 콩 まめ
頭 머리 あたま

<< 둔 >>
鈍 둔할 にぶい

<< 득 >>
得 얻을 える

<< 둥 >>

等 무리 ひとしい
登 오를 のぼる
灯 등잔 ともしび

<< 라 >>
羅 벌일 つらねる

<< 락 >>
落 떨어질 おちる
楽 즐길 --
洛 물 --
絡 이을 つながる

<< 란 >>
卵 알,계란 たまご
乱 어지러울 みだれる
蘭 난초 らん
欄 난간 てすり
爛 무르녹을 ただれる

<< 람 >>
覧 볼,보다 みる
藍 쪽 あい
濫 함부로 みだりに

<< 랑 >>
浪 물결 なみ
郎 낭군 おとこ
朗 밝을 ほがらか
廊 행랑 ろうか

<< 래 >>
来 올,오다 くる

<< 랭 >>
冷 찰,차다 つめたい

<< 략 >>
略 간략할 りゃく
掠 노략질할 かすめる

<< 량 >>
良 좋을 よい
両 두,둘 ふたつ (↔兩)
量 헤아릴 はかる
涼 서늘할 すずしい
梁 들보,대들보 うつばり
糧 양식 かて
諒 살필 まこと

<< 려 >>
旅 나그네 たび
麗 고울 うるわしい
慮 생각 おもんばかる
励 힘쓸 はげむ

<< 력 >>
力 힘 ちから
歴 지날,지낼 へる (↔歷)
暦 책력 こよみ

<< 련 >>
連 연할,서로 つらなる
練 불릴 ねる
錬 익힐 ねる
憐 불쌍히여길 あわれむ
聯 잇닿을 つらなる
恋 사모할 こい

蓮 연 はす

<< 렬 >>
列 줄,줄서다 ならべる
烈 매울 はげしい
裂 찢을 さく
劣 용렬할 おとる

<< 렴 >>
廉 청렴할 --

<< 령 >>
令 명령 --
領 거느릴 --
嶺 재 みね
零 영(0) こぼれる
霊 신령 たま

<< 례 >>
例 보기 たとえる
礼 예도 れい

<< 로 >>
路 길 みち
露 이슬 つゆ
老 늙을 おいる
労 수고로울 いたわる
炉 화로 いろり

<< 록 >>
緑 푸를 みどり
禄 녹봉,관록 --
録 기록할 しるす
鹿 사슴 しか

<< 론 >>
論 논의할 --

<< 롱 >>
弄 희롱할 もてあそぶ

<< 뢰 >>
雷 우뢰 かみなり
頼 의지할 たよる

<< 료 >>
料 감,댓가 はかる,りょう
了 마칠 おわる

<< 룡 >>
竜 용 たつ,りゅう (↔龍)

<< 루 >>
屢 자주,여러 しばしば
楼 다락 たかどの
累 여러 かされる
涙 눈물 なみた
漏 샐,새다 もる

<< 륙 >>
六 여섯 むっつ
陸 뭍,육지 おか

<< 륭 >>
隆 높을 たかい

<< 릉 >>
陵 언덕 おか

<< 리 >>
里 마을 さと
理 이치 ことわり
利 이로울 --
梨 배 なし
李 오얏 すもも
吏 아전 つかさ
離 떠날 はなれる
裏 속,안 うら
履 밟을,행할 ふむ

<< 린 >>
隣 이웃 となり

<< 림 >>
林 수풀 はやし
臨 다다를 のぞむ

<< 립 >>
立 설,서다 たつ

<< 마 >>
馬 말 うま
麻 삼 あさ
磨 갈,갈다,닦다 みがく

<< 막 >>
莫 말,마라 なかれ
幕 휘장 まく
漠 아득할 --

<< 만 >>
万 일만,수많은 よろず (↔萬)
晩 늦을 おそい
満 찰,차다,다되다 みちる
慢 거만할 あなどる
漫 부질없을 みだりに
蛮 오랑캐,야만인 えびす

<< 말 >>
末 끝 すえ

<< 망 >>
亡 망할 ほろびる
忙 바쁠 いそがしい
忘 잊을 わすれる
望 바랄 おぞむ
茫 망망할 --
妄 망녕될 みだり
罔 없을 なし,あみ

<< 매 >>
毎 ~마다 ごとに
買 살,사다 かう
売 팔,팔다 うる
妹 누이 いもうと
梅 매화 うめ
埋 묻을 うめる
媒 중매할 なかだち

<< 맥 >>
麦 보리 むぎ
脈 맥 みゃく

<< 맹 >>
孟 맏,처음 はじめ
猛 사나울 たけし

盟 맹세할 --
盲 소경 ぬくら

<< 면 >>
免 면할 まぬかれる
勉 힘쓸 つとめる
面 낯 おも
眠 잠잘 ねむる
綿 솜 わた

<< 멸 >>
滅 멸망할 ほろびる

<< 명 >>
名 이름 な
命 목숨 いのち
明 밝을 あきらか
鳴 울,울다 あく,なる
銘 새길 しるす
冥 어두울 くらい

<< 모 >>
母 어머니 はは
毛 털 け
暮 저물 くれる
某 아무 それがし
謀 꾀할,꾸밀 はかる
模 본뜰 かた
矛 창 ほこ
貌 모양 かたち
募 모을 つのる
慕 사모할 したう

<< 목 >>
木 나무 き
目 눈 め
牧 기를 まき
沐 머리감을 --
睦 화목할 うつまじい

<< 몰 >>
没 빠질 しずむ

<< 몽 >>
夢 꿈 ゆめ
蒙 어릴 くらい

<< 묘 >>
卯 토끼 う
妙 묘할 たえ
苗 싹 なえ
廟 사당 おたまや
墓 무덤 はか

<< 무 >>
戊 다섯째천간 つちのと
茂 우거질 しげる
武 호반 たけし
務 힘쓸 つとめる
無 없을 ない
舞 춤출 まう
貿 바꿀 かえる
霧 안개 きり

<< 묵 >>
墨 먹 すみ
黙 말없을 だまる

<< 문 >>
門 문 かど
問 물음을 とう
聞 들을 きく
文 글월 ふみ

<< 물 >>
勿 말,말라 なかれ
物 만물 もの

<< 미 >>
米 쌀 こめ
未 아닐 いまだ
味 맛 あじ
美 아름다울 あつくしい
尾 꼬리 お
迷 미혹할 まよう
微 작을 かすか
眉 눈썹 まゆ

<< 민 >>
民 백성 たみ
敏 민첩할 さとい
憫 불쌍히여길 あわれむ

<< 밀 >>
密 빽빽할 はそか
蜜 꿀 みつ

<< 박 >>
泊 묵을 とまる
拍 손뼉칠 うつ
迫 핍박할 せまる
朴 소박할 --
博 넓을 ひろい
薄 엷을 うすい

<< 반 >>
反 돌이킬 かえる
飯 밥 めし
半 반,절반 なかば
般 일반 --
盤 쟁반 ばん
班 반 わける
返 돌이킬 かえす
叛 배반할 そむく

<< 발 >>
発 필 --
抜 뺄,빼다 ぬく
髪 머리털 かみ

<< 방 >>
方 모,방법 かた
房 방,곳간 へや
防 막을 ふせぐ
放 놓을 はなす
訪 찾을 おとずれるㄹ
芳 꽃다울 かんばしい
傍 곁 かたわら
妨 방해할 さまたげる
倣 본받을 ならう
邦 나라 くに

<< 배 >>
拝 절 おがむ
杯 잔 さかずき
倍 곱 --

培 북돋울 つちかう
配 나눌 くばる
排 물리칠 --
輩 무리 ともがら
背 등,키 せ

<< 백 >>
白 흰 しろ
百 일백 もも
伯 맏
栢 잣나무 かしわ

<< 번 >>
番 차례 ばん
煩 번거로울 わずらわしい
繁 번성할 しげし
飜 뒤칠 ひるがえる

<< 벌 >>
伐 칠,치다 うつ,きる
罰 벌 ばち

<< 범 >>
凡 범상할 なみ,およそ
犯 범할 おかす
範 법 のり
汎 넓을 ひろい

<< 법 >>
法 법 のり

<< 벽 >>
壁 바람벽 かべ
碧 푸를 あお

<< 변 >>
変 변할 かわる
辯 말잘할 --
辨 분별할 わちまえる
邊 가,근처,부근 あたり

<< 별 >>
別 다를 よそ

<< 병 >>
丙 남녘 ひのと
病 병 やまい
兵 군사 つわもの
並 아우를 ならぶ (↔竝)
屏 병풍 --

<< 보 >>
保 보호할 たもつ
歩 걸음 あるく
報 갚을 むくいる
普 널리 あまねし
譜 계보 --
補 기울 おぎなう
宝 보배 たから

<< 복 >>
福 복 さいわい
伏 엎드릴 ふせる
服 옷
復 회복할 --
腹 배 はら
複 겹칠 かさねる
卜 점 うらなう

<< 본 >>
本 근본 もと

<< 봉 >>
奉 받들 たてまつる
逢 만날 あう
峯 봉우리 みね
蜂 벌 はち
封 봉할 --
鳳 봉황새 おおとり

<< 부 >>
夫 지아비 おとこ
扶 도울 たすける
父 아버지 ちち
富 가멸할 とむ
部 떼 わける
婦 며느리 おんな
否 막힐 --
浮 뜰,뜨다 おく
付 줄 つける
符 부신 わりふ
附 붙을 つくらう
府 고 くさる
腐 썩을 くさる
負 질 おう
副 버금 そう
簿 장부 --
膚 살갗 はだ
赴 나아갈 おもむく
賦 구실 --

<< 북 >>
北 북녘 きた

<< 분 >>
分 나눌 わける
紛 어지러울 まぎれる
粉 가루 こな
奔 달아날 はしる
墳 무덤 はか
憤 분할 いきづおる
奮 떨칠 ふるう

<< 불 >>
不 아닐 ず
仏 부처 ほとけ (↔佛)
弗 아닐 ず
払 떨,지불할 はらう

<< 붕 >>
朋 벗 とも
崩 무너질 くずれる

<< 비 >>
比 견줄,비교 くらべる
非 그를 あらず
悲 슬을 かなしい
飛 날,날다 とぶ
鼻 코 はな
備 갖춘 そなえる
批 비평할 --
卑 낮을 いやしい
婢 계집종 はしため
碑 비석 ひ
妃 왕비 きさき
肥 살찔 こえる

秘 숨길 ひめる
費 쓸,쓰다 ついやす

<< 빈 >>
貧 가난할 まずしい
賓 손,손님 まろうど
頻 자주 しきりに

<< 빙 >>
氷 얼음 こおり
聘 부를,부르다 めす

<< 사 >>
四 넉 よつ
巳 뱀 み
士 선비 さむらい
仕 섬길 つかえる
寺 절 てら
史 역사 ふみ
使 하여금,사용할 つかう
舍 집 いえ
射 쏠,쏘다 いる
謝 사례할 あやまる
師 스승 し
死 죽을 しぬ
私 사사로울 わたくし
糸 실 いと(↔絲)
思 생각 おもう
事 일 こと
司 맡을 つかさどる
詞 말 ことば
蛇 뱀 へび
捨 버릴 すてる
邪 간사할 よこしま
賜 줄,주다 たまわる
斜 비낄,비탈진 ななめ
詐 속일 いつわる
社 모임 やしろ
沙 모래 すな
似 닮을 にる
査 사실할,조사할 しらべる
写 베낄 うつす
辞 사양할 ことわる
斯 속일 あざむく
祀 제사 まつる

<< 삭 >>
削 깍을 けずる
朔 초하루 ついたち

<< 산 >>
山 메 やま
産 낳을 うむ
散 흩을,흩어질 ちる
算 셈할 かぞえる
酸 실 すい

<< 살 >>
殺 죽일 ころす

<< 삼 >>
三 석 みっつ
森 빽빽할 もり

<< 상 >>
上 위 うえ,かみ
尚 오히려 なお
常 떳떳할 つね

賞 상 ほめる
商 장사 あきなう
相 서로 あい
霜 서리 しも
想 생각 おもう
傷 상할,상처 きず
喪 복입을 も
嘗 맛볼 なめる
裳 치마 もすそ
詳 자세할 つまびらか
祥 상서로울 --
床 평상 とこ,ゆか
象 코끼리 ぞう
像 형상 かたち
桑 뽕할 もり
狀 형상 --
償 갚을 つぐなう

<< 쌍 >>
双 쌍 ふたつ (↔雙)

<< 새 >>
塞 막을 ふさぐ

<< 색 >>
色 빛 いろ
索 찾을(새끼 삭) --

<< 생 >>
生 날 うまれる

<< 서 >>
西 서녘 にし
序 차례 ついで
書 글 かく
暑 더울 あつい
叙 펼,서술할 のべる
徐 천천할 おもむろ
庶 여러,모두 もろもろ
恕 용서할 ゆるす
署 쓸,적다 しるす
緒 실마리 いとぐち

<< 석 >>
石 돌 いし
夕 저녁 ゆうべ
昔 옛 むかし
惜 아까울 おしむ
席 자리 むしろ
析 쪼갤 さく
釈 풀,풀다 とく

<< 선 >>
先 먼저 さき
仙 신선 --
線 줄 すじ
鮮 고울 あざやか
善 착할 よい
船 배 ふね
選 가릴,고를 えらぶ
宣 베풀 のべる
旋 돌 めぐる
禅 고요할 ゆずる

<< 설 >>
雪 눈 ゆき
説 말씀 (달랠세,기쁠열)
設 말씀 (달랠세,기쁠열)

舌 혀 した

<< 섭 >>
涉 건널 わたる

<< 성 >>
姓 성 --
性 성품 さが
成 이룰 なる
城 성 しろ
誠 정성 まこと
盛 성할 さかん,もる
省 살필 かえりみる
星 별 ほし
聖 성인 ひじり
声 소리 こえ (↔聲)

<< 세 >>
世 세상 よ
洗 씻을 あらう
税 세금 ぜい
細 가늘 ほそい
勢 기세 いきおい
歳 해 とし

<< 소 >>
小 작을 ちいさい
少 적을 すくない
所 바 ところ
消 끌,끄다 けす
素 흴,희다 しろい
笑 웃을 わらう
召 부를 めす
昭 밝을 あきらか
蘇 깨어날 よみがえる
騒 시끄러울 さわぐ (↔騷)
燒 불사를 やく
訴 하소연할 うったえる
掃 쓸,쓸다 はく
疎 성길 うとい
蔬 푸성귀 あおもの

<< 속 >>
俗 속될 --
速 빠를 はやい
続 이을 つづく
束 묶을 たば
粟 조 あわ
属 붙을 つく (부탁할촉)

<< 손 >>
孫 손자 まご
損 덜 そこなう

<< 송 >>
松 솔,소나무 まつ
送 보낼 おくる
頌 칭송할 --
訟 송사할 うったえる
誦 욀,외다 となえる

<< 쇄 >>
刷 인쇄할 する
鎖 쇠사슬 くさり

<< 쇠 >>
衰 쇠잔할 おとろえる

<< 수 >>

水 물 みず
手 손 て
受 받을 うける
授 줄,주다 さずける
首 머리 くび,はじめ
守 거둘 おさめる
收 거둘 おさめる
誰 누구 たれ
須 모름지기 すべからく
雖 비록 いえども
愁 시름,근심 うれい
樹 나무 き
壽 목숨 ことぶき (↔壽)
數 셈(자주삭,촘촘할촉) (↔數)
修 닦을 おさめる
秀 빼어날 ひいでる
囚 가둘 --
需 구할 もとめる
帥 장수 ひきいる
殊 다를 ことに
隨 따를 にたがう
輸 나를 はこぶ
獸 짐승 けもの
睡 잠잘 ねむる
遂 이룰 とげる

<< 숙 >>
叔 아저씨 おじ
淑 맑을 よい
宿 잘(별 수) --
孰 누구 たれ
肅 삼갈 つつしむ
熟 익을,익숙할 みのる

<< 순 >>
順 순할 したがう
純 순수할 --
旬 열흘 とおか
殉 따라죽을 --
盾 방패 たて
循 돌,돌다 めぐる
脣 입술 くちびる
瞬 눈깜짝할 またたく
巡 순행할,순회할 めぐる

<< 술 >>
戌 개 いぬ
述 지을,진술 のべる
術 재주 わざ,すべ

<< 숭 >>
崇 높일 あがめる

<< 습 >>
習 익힐 ならう
拾 주울 (열 십)
濕 젖을 しめる
襲 엄습할 おそう

<< 승 >>
乘 탈,타다 のる
承 이을 うけたまわる
勝 이길 かつ
升 되 ます,つゅう
昇 오를 のぼる
僧 중 そう

<< 시 >>
市 저자 いち
示 보일 しめす
是 옳을 これ
時 때 とき
詩 시 し
視 볼,보다 みる
施 베풀 ほどこす
試 시험할 こころみる
始 비로소 はじめ
矢 화살 や
侍 모실 はべる

<< 씨 >>
氏 성 つ,うじ(나라이름지)

<< 식 >>
食 먹을 たべる(먹일 사)
式 법 つき
植 심을 うえる
識 알 (기록할 지) --
息 쉴,쉬다 いき
飾 꾸밀 かざる

<< 신 >>
身 몸 み,みずから
申 아뢸,보고할 もおす
神 귀신 かみ
臣 신하 けらい
信 믿을 まこと
辛 매울 からい
新 새,새로울 あたらしい
伸 펼,펴다 のびろ
晨 새벽 あした
愼 삼가할 つつしむ

<< 실 >>
失 잃을 うしなう
室 방 むろ
實 열매 み

<< 심 >>
心 마음 こころ
甚 심할 はなはだ
深 깊을 ふかい
尋 찾을 たずねる(묻다)
審 살필 つまびらか

<< 십 >>
十 열 とお

<< 아 >>
兒 아이 こ
我 나 われ
牙 어금니 きば
芽 싹 め
雅 아담할 みやびやか
亞 버금 つぐ
阿 아첨할 おもねる
餓 주릴,굶을 うえる

<< 악 >>
惡 악할 (미워할오)
岳 큰산 たけ

<< 안 >>
安 편안할 やすんじる
案 생각 --

<< 顔 >>
顔 얼굴 かお
眼 눈 まなこ
岸 언덕 きし
雁 기러기 かり

<< 알 >>
謁 뵈올 まみえる

<< 암 >>
暗 어두울 くらい
巖 바위 いわ

<< 압 >>
圧 누를 おさえる (↔壓)

<< 앙 >>
仰 우러를 あおぐ
央 가운데 --
殃 재앙 わざわい

<< 애 >>
愛 사랑 あいする
哀 슬플 あわねむ
涯 물가 はて

<< 액 >>
厄 재앙 --
額 수량,이마 --

<< 야 >>
也 어조사 なり
夜 밤 よる
野 들 の
耶 어조사 や,か

<< 약 >>
弱 약할 よわい
若 같을 ごとい
約 약속할 しめくくる
藥 약 くすり

<< 양 >>
羊 양 ひつじ
洋 바다 --
養 기를 やしなう
揚 날릴 あげる
陽 볕 ひ
讓 사양 ゆずる
壤 땅 つち
樣 모양 さま
楊 버들 やなぎ

<< 어 >>
魚 물고기 うお,さかな
漁 고기잡을 すなどる
於 어조사 おいて(탄식오)
語 말씀 かたる
御 어거할 おん

<< 억 >>
億 억 おく
憶 생각할 おもう
抑 누를 おさえる

<< 언 >>
言 말씀 いふ,こと
焉 어조사 いずくんぞ

厳 엄할 おごそか

<< 업 >>
業 업 わざ

<< 여 >>
余 나 われ
余 남을 あまる (↔餘)
如 같을 ごとし
汝 너 なんじ
与 줄,주다 あたえる (↔與)
予 나 われ
輿 수레 こし

<< 역 >>
亦 또 また
易 바꿀 (쉬울이)
逆 거스를 さからう
訳 풀이할 わけ
駅 역말 えき
役 부역 --
疫 염병 やくびょう
域 지경 --

<< 연 >>
然 그러할 しかり
煙 연기 けむり
研 궁구할 とぐ
硯 벼루 すずり
延 끌,끌다 のびる
燃 불탈 もえる
燕 제비 つばめ
沿 물따를 そう
鉛 납 なまり
宴 잔치 さかもり
軟 연할 やわらか
演 행할 のべる
縁 인연 ちなみ

<< 열 >>
熱 더울 あつい
悦 기쁠 よろこぶ

<< 염 >>
炎 불꽃 ほのお
染 물들 そめる
塩 소금 にお

<< 엽 >>
葉 잎 は

<< 영 >>
永 길 ながい
英 꽃부리 はなぶさ
迎 맞을 むかえる
栄 영화 さかえる
泳 헤엄칠 およぐ
詠 읊을 うたう
営 경영할 いとなむ
影 그림자 かげ
映 비칠 うつる

<< 예 >>
芸 재주 げい (↔藝)
予 미리 あらかじめ (↔豫)
誉 기릴 ほまれ
鋭 날카로울 するどい

<< 오 >>
五 다섯 いつつ
吾 나 われ
悟 깨달을 さとる
午 낮 うま
誤 그르칠 あやまる
烏 까마귀 からす
汚 더러울 けがす
鳴 탄식할 ああ
娯 즐거워할 たのしむ
梧 오동 あおぎり
傲 거만할 おごる

<< 옥 >>
玉 구슬 たま
屋 집 や
獄 옥,감옥 ひとや

<< 온 >>
温 따뜻할 あたたかい (↔溫)

<< 옹 >>
翁 늙은이 おきな

<< 와 >>
瓦 기와 かわら
臥 누울 ふす

<< 완 >>
完 완전할 まったい
緩 느릴 ゆるやか

<< 왈 >>
曰 가로 いわく

<< 왕 >>
王 임금 きみ
往 갈,가다 ゆく

<< 외 >>
外 바깥 そと,ほか
畏 두려울 おそれる

<< 요 >>
要 구할 いる
腰 허리 こし
揺 흔들 ゆれる
遥 멀,멀다 はるか
謡 노래 うた

<< 욕 >>
欲 하고자할 ほっする
浴 목욕 あびる
慾 욕심 --
辱 욕될 はずかしめる

<< 용 >>
用 쓸,쓰다 もちいる
勇 날랠 いさましい
容 얼굴 かたち
庸 떳떳할 つね

<< 우 >>
于 어조사 --
宇 집 いえ
右 오른쪽 みぎ
牛 소 うし

友 벗 とも
雨 비 あめ
憂 근심 うれえる
又 또 また
尤 탓할 とがめる
遇 만날 あう
羽 깃 はね
郵 우편 --
愚 어리석을 おろか
偶 짝,고를 ならぶ
優 뛰어날 --

<< 운 >>
云 이를 いう
雲 구름 くも
運 운전할 はこぶ
韻 운,운치 --

<< 웅 >>
雄 수,수컷 おす

<< 원 >>
元 으뜸 もと
原 근원 もと
願 원할 ねがう
遠 멀,멀다 とおい
園 동산 その
怨 원망할 うらむ
圓 돈,둥글 --
員 사람 かず
源 근원 みなもと
援 도울 たすける
院 집 --

<< 월 >>
月 달 つき
越 넘을 こえる

<< 위 >>
位 자리 くらい
危 위태로울 あやうい
為 하 なす,ため (↔爲)
偉 위대할 えらい
威 위엄 たけし
胃 밥통 いぶくろ,い
謂 이를 いう
囲 둘레 かこむ
緯 씨 よこいと
衛 지킬 まもる
違 어길 ちがう
委 맡길 ゆだねる
慰 위로할 なぐさめる
偽 거짓 いつわる

<< 유 >>
由 말미암을 よし,より
油 기름 あぶら
酉 닭 とり
有 있을 ある
猶 오히려 なお
唯 오직 ただ
遊 놀,놀다 あそぶ
柔 부드러울 やわらかい
遺 끼칠 のこす
幼 어릴 おさない
幽 그윽할 かすか
惟 생각할 おもう
維 맬,매다 つなぐ

<< 육 >>을 포함한 한자 글자 목록

乳 젖 ちち,ち
儒 선비 --
裕 넉넉할 ゆたか
誘 꾈,꾀다 さそう
愈 더욱 いよいよ
悠 멀,멀다 はるか

<< 육 >>

肉 고기 にく
育 기를 そだてる

<< 윤 >>

閏 윤달 うるう
潤 불을,윤택할 うるおう

<< 은 >>

恩 은혜 おん
銀 은 にしろがね
隱 숨을 かくれる

<< 을 >>

乙 새 きのと

<< 음 >>

音 소리 おと
吟 읊을 うたう
飮 마실 のむ
陰 그늘 かげ
淫 음란할 みだら

<< 읍 >>

邑 고을 むら
泣 울,울다 なく

<< 응 >>

応 응할 こたえる (↔應)

<< 의 >>

衣 옷 ころも
依 의지할 よる
義 뜻 わけ
議 의논할 はかる
矣 어조사 --
医 의원 いやす (↔醫)
意 뜻 こころ
宜 마땅할 よろしい
儀 거동 のっとる
疑 의심할 うたがう

<< 이 >>

二 두 ふたつ
弍 두 ふたつ
以 써 もっと
已 이미 すでに
耳 귀 みみ
而 말이을 しこうして
異 다를 ことなる
移 옮길 うつる
夷 오랑캐 えびす

<< 익 >>

益 더할 ます
翼 날개 つばさ

<< 인 >>

人 사람 ひと
引 끌,끌다 ひく
仁 어질 --

因 인할 よる
忍 참을 しのぶ
認 인정할 みとめる
寅 범,호랑이 とら
印 도장 しるし
刃 칼날 やいば
姻 혼인할 よめいり

<< 일 >>

一 한 ひとつ
日 날 ひ,か
壱 한 はとつ
逸 편안할 --

<< 임 >>

壬 북녘 みずのえ
任 맡길 まかせる
賃 품팔 やとう

<< 입 >>

入 들 はいる

<< 자 >>

子 아들 こ
字 글자 あざ
自 스스로 みずから
者 놈 もの (↔者)
慈 사랑 いつくしむ
玆 검을 ここに
雌 암,암컷 めす
紫 자줏빛 むらさき
資 재물 もと
姿 모습 すがた
恣 방자할 ほしいまま
刺 찌를(찌를척) さす

<< 작 >>

作 지을 つくる
昨 어제 --
酌 잔질할(술마실) くむ
爵 벼슬 さんずき

<< 잔 >>

残 남을 のこる

<< 잠 >>

潛 잠길 もぐる
蚕 잠길 もぐる
暫 잠깐 しばらく

<< 잡 >>

雑 섞일 まじえる

<< 장 >>

長 길 ながい
章 글 おや,ふみ
場 마당 ば
将 장수 --
壯 씩씩할 さかん (↔壯)
丈 어른 たけ
張 베풀 はる
帳 휘장 とばり
莊 별장 おごそか
装 꾸밀 よそおう
奬 권할,장려할 すすめる
墻 담 かき
葬 장사지낼 ほうむる

粧 단장할 よそおう
掌 손바닥 たなごころ
藏 감출 くら
臟 오장 はらわた
障 막힐 さわる
腸 창자 はらわた

<< 재 >>

才 재주 さい
材 재목 --
財 재물 たから
在 있을 ある
栽 심을 うえる
再 두,다시 ふたたび
哉 어조사 かな
災 재앙 わざわい
裁 마를 たつ
載 실을 のせる

<< 쟁 >>

争 다툴 あらそう

<< 저 >>

著 나타날 (붙을착)
貯 쌓을 たくわえる
低 낮을 ひくい
底 밑 そこ
抵 겨룰 あたる

<< 적 >>

的 과녁 まと
赤 붉을 あかい
適 맞을 かなう
敵 원수 かたき
笛 저,피리 ふえ
滴 물방울 しずく
摘 딸,따다 つむ
寂 고요할 さびしい
籍 문서 ふみ
賊 도둑 --
跡 발자취 あと
蹟 자취 あと
積 쌓을 つむ
績 공,공적 せき

<< 전 >>

田 밭 た
全 온전할 まったく
典 책 ふみ,のり
前 앞 まえ
展 펼,펴다 のべる
戰 싸울 たたかう
電 번개 いなずま
錢 돈 ぜに
伝 전할 つたえる
専 오로지 もっぱら (↔專)
転 구를 ころがる

<< 절 >>

節 마디 ふし
絶 끊을 たえる
切 끊을(모두체) --
折 꺾을 おる

<< 점 >>

店 가게 みせ
占 차지할 しめる
点 점 てん (↔點)

漸 점점 ようやく

<< 접 >>
接 맞을 つぐ
蝶 나비 --

<< 정 >>
丁 장정 ひのと
頂 정수리 いただき
停 머무를 とどまる
井 우물 い
正 바를 ただしい
政 정사,정치 まつりごと
定 정할 さだめる
貞 곧을 ただしい
精 정할,정성 くわしい
情 뜻 なさけ
静 고요할 しずかだ
浄 깨끗할 きよい
庭 뜰 にわ
亭 정자 --
訂 끊을,고칠 ただす
廷 조정 やくしょ
程 법 ほど
征 칠,치다 ゆく,とる
整 가지런할 ととのえる

<< 제 >>
弟 아우 おとうと
第 차례 --
祭 제사 まつる
帝 임금 みかど
題 제목 だい
除 덜 のぞく
諸 모두 もろもろ
製 지을 つくる
提 끌 さげる
堤 방죽 つつみ
制 억제할 おきて
際 가,끝 きわ
斉 가지런할 そろう
済 건널 わたる

<< 조 >>
兆 조심 きざし
早 일찍 はやい
造 지을 つくる
鳥 새 とり
調 고를 しらべる
朝 아침 あさ
助 도울 たすける
祖 할아비 じじ
弔 조상할 とむらう
燥 마를 かわく
操 잡을 あやつる
照 비출 てらす
条 가닥 えだ
潮 조수 しお
租 세금 --
組 짤,짜다 くむ

<< 족 >>
足 발(지날주)あし,たりる
族 겨레 やから

<< 존 >>
存 있을 ある
尊 높을 とうとい

<< 졸 >>
卒 마칠 おわる
拙 졸할 つたない

<< 종 >>
宗 마루 むね
種 씨 たね
鍾 쇠북,종 かね
終 마칠 おわる
従 좇을 したがう
縦 세로 たて

<< 좌 >>
左 왼 ひだり
坐 앉을 すわる
佐 도울 たすける
座 자리 すわる

<< 죄 >>
罪 허물 つみ

<< 주 >>
主 주인 あるじ
注 물댈 そそぐ
住 살,살다 すむ
朱 붉을 あかい
宙 집 そら
走 달릴 はしる
酒 술 さけ
昼 낮 ひる
舟 배 ふね
周 두루 まわり
株 그루 かぶ
州 고을 --
洲 섬 す,しま
柱 기둥 はしら

<< 죽 >>
竹 대 たけ

<< 준 >>
準 수준기 みずもり
俊 준걸 すぐれる
遵 좇을 したがう

<< 중 >>
中 가운데 なか
重 무거울 おもい
衆 무리 おおい
仲 버금 なか

<< 즉 >>
即 나아갈 すなわち

<< 증 >>
曾 일찍 かって
増 더할 ます
証 증거 あかし
憎 미워할 にくむ
贈 줄,주다 おくる
症 증세 --
蒸 찔 むす

<< 지 >>
只 다만 ただ
支 지탱할 ささえる
枝 가지 えだ

止 그칠 とまる
之 갈 ゆく,の
知 알,알다 しる
地 땅 つち
指 손가락 ゆび
志 뜻 こころざし
至 이를 いたる
紙 종이 かみ
持 가질 もつ
池 못,연못 いけ
誌 기록 しるす
智 슬기 ちえ
遅 늦을 おそい

<< 직 >>
直 곧을 なおい
職 벼슬 つとめ
織 짤,짜다 おる

<< 진 >>
辰 별(별신) たつ
真 참 まこと (↔眞)
進 나아갈 すすむ
尽 다할 つきる (↔盡)
振 떨칠 ふるい
鎮 진압할 しずめる
陣 진칠 --
陳 묵을 ふるい
珍 보배 めずらしい

<< 질 >>
質 바탕 たち
秩 차례 --
疾 염병 やくびょう
姪 조카 めい

<< 집 >>
集 모을 あつまる
執 잡을 とる

<< 징 >>
徴 부를 --
懲 징계할 こらす

<< 차 >>
且 또 かつ
次 차례 つぎ
此 이,이것 これ
借 대할 こたえる
差 어긋날(충질치) --

<< 착 >>
着 붙을 つく
錯 섞일 まじる
捉 잡을 とらえる

<< 찬 >>
贊 기릴 たたえる (↔贊)
讃 기릴 たたえる

<< 찰 >>
察 살필 みる

<< 참 >>
参 참여할 まいる(석삼)
惨 참혹할 みじめ
慙 부끄러워할 はじる

<< 창 >>
昌 창성할 さかん
唱 노래부를 うたう
窓 창 まど
倉 곳집,창고 くら
創 비롯할 きず
蒼 푸를 あおい
滄 큰바다 うみ
暢 화창할 のびる

<< 채 >>
菜 나물 な
採 캘,캐다 とる
彩 채색 いろどる
債 빚 かり

<< 책 >>
責 꾸짖을 せめる
冊 책 ふみ
策 채찍 はかりごと

<< 처 >>
妻 아내 つま
処 곳 ところ
悽 슬퍼할 いたむ

<< 척 >>
尺 자 --
斥 내칠 しりぞける
拓 열 (박을타)
戚 겨레 みうち

<< 천 >>
千 일천 ち,せん
天 하늘 あめ
川 내 かわ
泉 샘 いずみ
浅 얕을 あさい (↔浅)
賤 천할 いやしい
踐 밟을 ふむ
遷 옮길 うつる
薦 천거할 すすめる

<< 철 >>
鉄 쇠 --
哲 밝을 --
徹 뚫을 とおる

<< 첨 >>
尖 뾰족할 とかる
添 더할 そえる

<< 첩 >>
妾 첩 めかけ

<< 청 >>
青 푸를 あおい
清 맑을 きよい
晴 갤,개다 はれる
請 청할 こう
聽 들을 きく
庁 관청 やくしょ

<< 체 >>
体 몸 からだ (↔體)
替 바꿀 かえる

<< 초 >>

初 처음 はじめ
草 풀 くさ
招 부를 まねく
肖 같을 かたどる
超 넘을 こえる
抄 베낄 ぬきがき
礎 주춧돌 いしずえ

<< 촉 >>
促 재촉할 うながす
燭 촛불 ともしび
觸 닿을 ふれる

<< 촌 >>
寸 마디 --
村 마을 むら

<< 총 >>
銃 총 つつ
総 거느릴 すべる
聡 귀밝을 さとい

最 가장 もっとも
催 베풀 もよおす

<< 추 >>
秋 가을 あき
追 쫓을 おう
推 밀,밀다 おす
抽 뽑을 ひく,ぬく
醜 더러울 みにくい

<< 축 >>
丑 소 うし
祝 빌,빌다 いわう
畜 가축 やしなう
蓄 쌓을 たくわえる
築 쌓을 きずく
逐 쫓을 おう
縮 오그라들 ちぢむ

<< 춘 >>
春 봄 はる

<< 출 >>
出 날 でる

<< 충 >>
充 가득할 みちる
忠 충성 --
虫 벌레 むし
衝 찌를 つく

<< 취 >>
取 취할 とる
吹 불,불다 ふく
就 나아갈 つく
臭 냄새 におい
酔 취할 よう
趣 뜻 おもむき

<< 측 >>
側 곁 かたわら
測 잴,재다 はかる

<< 층 >>
層 층 そう

<< 치 >>
治 다스릴 おさめる
致 이룰 いたす
歯 이,이빨 は
値 값 あたい
置 둘,두다 おく
恥 부끄러울 はじる
稚 어릴 おさない

<< 칙 >>
則 법(곧 즉) --

<< 친 >>
親 친할 したしい

<< 칠 >>
七 일곱 ななつ
漆 옻 うるし

<< 침 >>
針 바늘 はり
侵 침노할 おかす
浸 적실 はたす
寝 잠잘 ねる
沈 잠길(성 심) --
枕 베개 まくら

<< 칭 >>
称 일컬을 となえる

<< 쾌 >>
快 쾌할 こころよい

<< 타 >>
他 다를 ほか
打 칠,치다 うつ
妥 온당할 おだやか
墮 떨어질 おちる

<< 탁 >>
濁 흐릴 にごる
託 부탁할 かこつける
濯 빨래할 あらう
琢 쫄,닦을 みがく

<< 탄 >>
炭 숯 すみ
歎 탄식할 なげく
弾 탄알 たま

<< 탈 >>
脱 벗을 ぬぐ
奪 빼앗을 うばう

<< 탐 >>
探 찾을 さぐる
貪 탐할 むかぼる

<< 탑 >>
塔 탑 とう

<< 탕 >>
湯 끓일 ゆ

<< 태 >>
太 클,크다 ふとい
泰 클,크다 はなはだ
怠 게으를 おこたる

殆 거의 ほとんど
態 모양 さま

<< 택 >>
宅 집 (댁 댁) --
沢 못 さわ
択 가릴 えらぶ

<< 토 >>
土 흙 つち
吐 토할 はく
兎 토끼 うさぎ
討 칠,치다 うつ

<< 통 >>
通 통할 とおる
統 거느릴 すべる
痛 아플 いたむ

<< 퇴 >>
退 물러날 しりぞく

<< 투 >>
投 던질 なげる
透 비칠 すかす
闘 싸울 たたかう

<< 특 >>
特 특별할 --

<< 파 >>
破 깨뜨릴 やぶる
波 물결 なみ
派 갈래 は
播 씨뿌릴 まく
罷 파할 やめる
頗 자못 すこぶる

<< 판 >>
判 판단할 わける
板 널,판자 いた
販 팔,팔다 あきなう
版 판목 はん

<< 팔 >>
八 여덟 やっつ

<< 패 >>
貝 조개 かい
敗 패할 やぶれる

<< 편 >>
片 조각 かた
便 편할(오줌변) べん
篇 책 --
編 엮을 あむ
遍 두루 あまねし

<< 평 >>
平 평평할 たいら
評 평할 --

<< 폐 >>
閉 닫을 とざす
肺 허파 はい
廃 폐할 すたれる
弊 폐단 やぶれる
蔽 가릴 おおう

幣 폐백 ぬさ

<< 포 >>
布 펼,퍼다 ぬの
抱 안을 だく
包 쌀,싸다 つつむ
胞 태보 えな
飽 배부를 あきる
浦 개(갯벌) うら
捕 잡을 とらえる

<< 폭 >>
暴 (포)사나울 あばれる
爆 터질 --
幅 폭 はば

<< 표 >>
表 거죽 おもて
票 표 ふだ
標 표시 しるし
漂 떠돌 ただよう

<< 품 >>
品 품수 しな

<< 풍 >>
風 바람 かぜ
楓 단풍나무 かえで
豊 넉넉할 ゆたか

<< 피 >>
皮 가죽 かわ
彼 저,그 かれ
疲 지칠 つかれる
被 입을,당할 こおむる
避 피할 さける

<< 필 >>
必 반드시 かならず
匹 짝 たぐい
筆 붓 ふで
畢 마칠 おわる

<< 하 >>
下 아래 にた,しも
夏 여름 なつ
賀 하례할 よろこぶ
何 어찌 なに
河 강 かわ
荷 멜,메다 になう

<< 학 >>
学 배울 まなぶ (↔學)
鶴 두루미 つる

<< 한 >>
閑 한가할 しずかだ
寒 찰 さむい
恨 한할 うらむ
限 한정 かぎる
韓 나라 --
漢 한수 --
旱 가물 ひでり
汗 땀 あせ

<< 할 >>
割 가를 わる

<< 함 >>
咸 다 みな
含 머금을 ふくむ
陷 빠질 おちいる

<< 합 >>
合 합할 あう(홉 홉)

<< 항 >>
恒 항상 つね
巷 거리 ちまた
港 항구 みなと
項 조목,목
抗 겨룰 あたる
航 배다닐 わたる

<< 해 >>
害 해칠 --
海 바다 うみ
亥 돼지 い
解 풀,풀다 とく
奚 어찌 --
該 그 その

<< 핵 >>
核 씨 さね

<< 행 >>
行 갈 いく(항렬 항)
幸 다행 さいわい

<< 향 >>
向 향할향 むく
香 향기 かおり
郷 시골 ふるさと
響 울릴 ひびく
享 누릴 うける

<< 허 >>
虚 빌,거짓 むない
許 허락할 ゆする

<< 헌 >>
軒 추녀 のき
憲 법 のり
献 드릴 たてまつる

<< 혁 >>
革 가죽 かわ

<< 현 >>
現 나타날 わらわれる
賢 어질 かしこい
玄 검을 くろい
弦 활시위 つる
絃 악기줄 いと
県 고을 --
懸 매달 かける
顕 나타날 あらわれる

<< 혈 >>
血 피 ち
穴 굴 あな

<< 협 >>
協 화할 かなう
脅 으를 おどす

<<형>>
兄 맏 あに
刑 형벌 しおき
形 형상 かたち
亨 형통할 --
蛍 반딧불 ほたる

<<혜>>
恵 은혜 めぐむ
慧 지혜 さとい
兮 어조사 --

<<호>>
戸 지게 と
乎 온가 か
呼 부를 よぶ
好 좋을 このむ
虎 범 とら
号 이름 よびな (↔號)
湖 호수 みずうみ
互 서로 たがい
胡 오랑캐 えびす
浩 넓을 ひろい
毫 가는털 --
豪 호걸 --
護 보호할 まもる

<<혹>>
或 혹 あるいわ
惑 미혹할 まどう

<<혼>>
婚 혼인할 えんぐみ
混 섞일 まぜる
昏 어두울 くらい
魂 넋 だましい

<<홀>>
忽 문득 たちまち

<<홍>>
紅 붉을 くれない
洪 넓을 --
弘 넓을 ひろい
鴻 큰기러기 おおとり

<<화>>
火 불 ひ
化 될 はける
花 꽃 はな
貨 재화 --
和 화할 やおらぐ
話 말할 はなす
画 그림 が (그을획) (↔畵)
華 빛날 はな
禾 벼 か
禍 재앙 わざわい

<<확>>
確 확실할 たしか
穫 거둘 とりいれる
拡 늘릴 ひろげる

<<환>>
歓 기뻐할 よろこぶ
患 병 わずらう
丸 알,둥글 まるい
換 바꿀 かえる

環 두를 わ
還 돌아올 かえる

<<활>>
活 살 いきる

<<황>>
黄 누를 き
皇 임금 きみ
況 하물며 いわんや
荒 거칠 あれろ

<<회>>
回 돌아올 まわす
会 모을 あう (↔會)
灰 재 はい
悔 뉘우칠 くやむ
懐 품을 ふところ

<<획>>
獲 얻을 える
劃 그을 かぎる

<<횡>>
横 가로 よこ

<<효>>
孝 효도 --
効 효험 きく
暁 새벽 あかつき

<<후>>
後 뒤 のち,あと
厚 두터울 あつい
侯 제후 まと
候 기후 うかがう
喉 목구멍 のど

<<훈>>
訓 가르칠 おしえる

<<훼>>
毀 헐,헐다 こぼつ

<<휘>>
揮 휘두를 ふるう
輝 빛날 かがやく

<<휴>>
休 쉴,쉬다 やすむ
携 가질 たずさえる

<<흉>>
凶 흉할 わるい
胸 가슴 むね

<<흑>>
黒 검을 くろい (↔黑)

<<흡>>
吸 숨들이쉴 すう

<<흥>>
興 일,일어날 おこる

<<희>>
希 바랄 ねがう
喜 기쁠 よろこぶ

稀 드물 まれ
戯 희롱할 だわむれろ
噫 탄식할 ああ(트림애)
熙 빛날 --

あ	a/아			あ	
い	i/이		い		
う	u/우		う		
え	e/에		え	え	
お	o/오		お	お	

か	ka/카	ブ	カ	が	
き	ki/키	ㄱ	ㄱ	き	き
く	ku/쿠	く			
け	ke/케	⺁	に	け	
こ	ko/코	ㄱ	こ		

さ	sa/사	⇒	ナ	さ	
し					
	si(shi)/시	↓			
す	su/스	⇒	す		
せ	se/세	⇒	ナ	せ	
そ	so/소	⌃	そ		

た	ta/타	ニ	け	だ	た
ち	ti(chi)/치	ニ	ち		
つ	tu(tsu)/츠	う			
て	te/테	で			
と	to/토	゙	と		

	na/나	⇄	け	が	な
な					
に	ni/니	‖	に	に	
ぬ	nu/누	⬊	ぬ		
ね	ne/네	⬇	ね		
の	no/노	の			

は	ha/하	↓‖	に	は↓	
ひ	hi/히	ひ↗			
ふ	hu(fu)/후	゛↘	ら	ふ↙	ふ↗
へ	he/헤	へ↗			
ほ	ho/호	↓‖	に	ほ→	ほ↓

ま	ma/마	（stroke guides）	（stroke guides）	ま
み	mi/미	み	み	
む	mu/무	（stroke guides）	む	む
め	me/메	（stroke guides）	め	
も	mo/모	も	も	も

や	ya/야	ら	ら	や	
い	(i/이)				
ゆ	yu/유	ゆ	ゆ		
え	(e/에)				
よ	yo/요	ヨ	よ		

ら	ra/라	ら		
り	ri/리	り		
る	ru/루	る		
れ	re/레	れ		
ろ	ro/로	ろ		

わ	wa/와	↓↓ わ		
い	(i/이)			
う	(u/우)			
え	(e/에)			
を	o/오	⇄ わ を		

ん	n/응				

ア	a/아				
イ	i/이				
ウ	u/우				
エ	e/에				
オ	o/오				

カ	ka/카				
キ	ki/키				
ク	ku/쿠				
ケ	ke/케				
コ	ko/코				

サ	sa/사	ニ	ナ	ザ	
シ	si(shi) /시	ゝ	ミ	シ	
ス	su/스	ア	ス		
セ	se/세	⇁	セ		
ソ	so/소	ゝ	ソ		

タ	ta/타	↙	⟋	夕	
チ	ti(chi) /치	←	⟹	千	
ツ	tu(tsu) /츠	↓	⟍⟍	ツ	
テ	te/테	→	⟹	テ	
ト	to/토	↓	ト		

ナ	na/나				
ニ	ni/니				
ヌ	nu/누				
ネ	ne/네				
ノ	no/노				

ハ	ha/하			
ヒ	hi/히			
フ	hu(fu)/후			
ヘ	he/헤			
ホ	ho/호			

マ	ma/마				
ミ	mi/미				
ム	mu/무				
メ	me/메				
モ	mo/모				

ヤ	ya/야				
イ	(i/이)				
ユ	yu/유				
エ	(e/에)				
ヨ	yo/요				

ラ	ra/라				
リ	ri/리				
ル	ru/루				
レ	re/레				
ロ	ro/로				

ワ	wa/와	↓ワ	⇗ワ		
イ	(i/이)				
ウ	(u/우)				
エ	(e/에)				
ヲ	o/오	⇗ヲ	→ヲ		

ン	n/응				

| 저자소개 |

김선일(金善一 キム·ソンイル)
저자는 고용노동부 산하 국책특수대학인
한국폴리텍대학 강릉캠퍼스 호텔관광과 교수로 재직 중이다.
경기대학교 대학원에서 관광경영학을 수학하고
국립강릉원주대학교 대학원에서 관광학 박사학위을 받았다.
다시 국립한국방송통신대학교에 입학하여 일본학을 공부하였다.
1990년 특급호텔 호텔리어로 입사하여 다양한 부서에서 경력을 쌓고
일반여행업 해외여행부에서 가이드로 근무하였다.
한국관광학회, 한국호텔리조트학회, 한국호텔관광학회 등에서 이사를 역임하였다.
현재 고용노동부, 문화체육관광부 등 국가사업의 각종 위원으로 활동 중이다.

초판 1쇄 인쇄 2019년 9월 5일
초판 1쇄 발행 2019년 9월 10일

저 자 김 선 일
펴낸이 임 순 재
펴낸곳 **(주)한올출판사**
등 록 제11-403호
주 소 서울시 마포구 모래내로 83(성산동 한올빌딩 3층)
전 화 (02) 376-4298(대표)
팩 스 (02) 302-8073
홈페이지 www.hanol.co.kr
e-메일 hanol@hanol.co.kr
ISBN 979-11-5685-803-4